夢を叶えて幸せになる

天命を知る前世療法

武茂 千恵子

美しき自然の中に神々が宿る久高島。
訪れるたび原点に立ち返り、
自分をリセットできる、私の大切な場所。
（久高島カベール岬にて）

天命を知って、幸せな人生のサイクルに乗る

あなたの中には、豊かな人生を生きる力が眠っています。
それを引き出すには、心を開いて、
意識の深い次元に繋がること、
潜在能力を目覚めさせることです。
武茂流前世療法がそれをサポートします。

すべての人に、天と交わした使命、〝天命〟があります。
天命とは、生まれる前に交わした自分との約束、天との契り。
それを思い出すのは今です。
さあ、前世への扉をご一緒にノックしましょう。
最高に幸せな人生のサイクルを呼び込むために……
あなた自身が天命に沿って人生を歩むために……

武茂 千恵子

浄化と運気アップを図る

『パラレルライフのHappyアイテム』

身につける人本来のエネルギーに調和する「星座&血液型のタイプ別ブレスレット」。日々身につけていると、心身の浄化を促し幸運体質へと導きます。

イザナミのメッセージ付き「ミラクルリング」は、奇跡を呼び込むスペシャルブレスレット。

その他、恋愛成就、土地浄化などの目的別アイテムもあり、その方が自分らしく幸せに生きるためのサポートをいたします。

水瓶座×B型

獅子座×AB型

土地浄化

ミラクルリング

夢を叶えて幸せになる

天命を知る前世療法

武茂 千恵子

目次

第2章
才能を引き出すパラレルライフのメソッド 51

第3章 潜在意識へアクセスするボディーワーク&前世療法

まえがき

他の誰でもない、あなたの人生を歩むために

世の中にたくさんの書籍がある中で、本書を手にしてくださったあなたへ。
ありがとうございます。そして、この出会いがあなたの人生にとってギフトとなりますように……。私はそう願っています。

ところで、あなたは今、幸せですか？

このシンプルな問いに、どうか正直に答えてみてください。
心の内側を、そっと見つめてみてください。
どんな答えが湧き上がってきますか？
何の迷いもなく「私は幸せです！」と即答できる人は少ないのではないでしょうか。

現代人の暮らしは、ひと昔前に比べてはるかに便利でスピーディーになりました。その一方で、電磁波や化学物質の汚染など生活環境は悪化の一途をたどっています。

人間関係はどうでしょうか？　人と人が大らかにつながって信頼し合い、心を通わせる機会はぐっと減っています。

そんな状況に置かれた私たちは、つねにストレスを受け続けているのです。

いつもお金の心配に悩まされている
希望する仕事に就くことができない
なかなか結婚できない
恋人に裏切られ、人を信じられなくなった
ひとり親家庭の生活は想像以上に苦しい
独身という立場で老後が不安
子どもが不登校になってしまった
病気を抱え、体の不調に悩まされている

年老いた親の介護が大変

……などなど、いつも不安や心配事が頭から離れないという人も多いのではないでしょうか。

同じ物事を体験しても、感じ方は人によって違います。

たとえば、真っ赤な夕日を見て気持ちがワクワクする人もいれば、なんだか人恋しくて寂しいと感じる人もいます。なぜこのような感じ方の違いが起きるのかというと、内側に抱えている思いは人によってさまざまだからです。

ということは、内側に抱えている思いをポジティブな思考に変えれば、どんな状況でも楽しさや喜び、ワクワク感、心地よさを感じることができるでしょう。そのような好感体質を手に入れることで、目の前の現実はすべてが幸せで平穏なものになるのです。

好感体質になるためのヒントは、あなたの内側にあります。あなたの本質が、あらゆる問いに対する答えを知っているのです。

いや、私にはわからない……という人は、ぜひ本書を通じて「心の声に耳を傾け、自分の内側から答えを引き出す術」を見つけてください。私が考案したパラレルライフのメソッドは、前世療法やボディーワークなど独自のセッションにより、あなたの内側をスピーディーに変革していきます。本当の自分を表現しながら潜在能力を開き、思い通りの人生を歩くための最適な方法なのです。

人生を飛躍的に向上させ、喜びと幸せを実感できる日々を送りましょう。それが私たちの魂の源である「大いなる存在」の意志でもあります。

私たちには「天命」が与えられています。生まれる前から、天と約束を交わしているのです。天命を生きることは、他の誰でもない「あなたが主役の人生」を歩むこと。スポットライトを浴びたあなたは、光り輝いて生きるのです。

すべての人に、天命を生きてワクワクする人生を歩んでほしい。私はそう願いながら、パラレルライフの活動を通じて多くのクライアントにメッセージを伝え続けてきました。

どうぞ、心をオープンにして読み進めてください。そして、あなたの内側でかすかなバイブレーション（振動）が起こり、眠っていた〝能力＝天命に向かおうとする意志の力〟が芽を出す瞬間を感じてください。

本書では、前世から引き継いだカルマを解消することで、どう意識や行動が変わり、自らの天命を知るきっかけとなるか詳しく説明しています。さらにはパラレルライフのメソッドにより人生を大きく転換させた体験談も掲載しました。今後の生き方の参考になるでしょう。

たった一度しかない人生です。本当の自分を取り戻し、天命を生きることを決意すれば、これまでとは違うあなたの人生が始まるのです。

二〇一六年五月　　パラレルライフ　武茂 千恵子

第1章 天命を知って最高に幸せな人生をつくる

あなたにとっての本当の幸せとは何か？

自分らしくイキイキとした、幸せな人生を送りたい。

これは誰もが心に抱く、純粋でシンプルな願いではないでしょうか。

老若男女に関わらず、この願いがあることで私たちは人生の目標に向かって歩み続けることができます。昨日より今日、今日より明日と少しでも成長するために、自分で自分の背中を押しているのです。

ところで、あなたにとっての幸せとは何ですか？

幸せを実感するためには、あなたの日々に何が必要でしょうか？

心の中を掘り下げながら、次の問いについて具体的に答えてみてください。

―ワーク1― 幸せな人生を具体的にイメージしよう

① ノートか白紙とペンを用意してください。

② 一人の時間を持ち、気持ちを穏やかにして、次の問いに答えてください。

本書を脇に置き、一つひとつの問いを自分の内側へ向けてみましょう。時間をかけ、それぞれの問いに対して湧き上がる答えをそのまま書き出していきましょう。あまり考え込まず、正直に回答しましょう。イエス、ノーと答えるだけでなく、なぜそう思うのか、数字はどれくらいか、できるだけ具体的に表現することがポイントです。

- 信頼のおける人間関係は、どんな幸せをもたらしますか？
- 快適な住まいは、どんな幸せをもたらしますか？
- のんびりとした休息は、どんな幸せをもたらしますか？
- 趣味に没頭することは、どんな幸せをもたらしますか？
- 十分にお金があることは、どんな幸せをもたらしますか？
- 自分の能力を活かせる仕事は、どんな幸せをもたらしますか？
- あなたにとって結婚生活は、どんな幸せをもたらしますか？

③書き出したものに対して、必要だと感じる度合いを1～10の数値で示しましょう。答えの横に数字を入れてください。

絶対に必要なものは「10」、まあまあ必要なものは「4～6」、いらないものは「1」というように、自分なりの基準を決めて評価してみます。これも考え過ぎず、パパッと思いつきで決めるのがコツです。

④ 評価した数字の大きい方から順に並べてみましょう。あなたが求める人生の傾向が見えてくるはずです。物質的なもの、精神的なもの、時空間という広がりのあるもの……どれを大切に考えているか自己分析してみてください。

⑤ 大きい数字の内容から順番に、それを手に入れた自分をイメージしてみましょう。どんな空間にいて、どんな服を着て、どんな気分で何をしていますか？ どんな表情をしているのでしょうか？ 幸せを味わっている感覚を、リアルに思い描きましょう。

いかがでしたか？ あなたにとって必要なものは、どれくらいありましたか？

⑤のイメージをした時、しみじみ「幸せだな～」と感じる、その感覚がリアルであるほど、体のエネルギーにも変化がもたらされます。

どうぞ全身で幸せを味わってください。実は、想像であっても、強い感情をともなえば脳はリアルな体験としてそれを認識します。現実と想像の区別がつかないのが、脳の特徴です。近年、メンタルトレーニングや引き寄せ法に応用されています。

それでは、トップ以外の事柄でもそれを手に入れた時の自分、それを味わっている自分をイメージしてみましょう。すると、あなたにとっての幸せとは、置かれている環境や条件ではなく、そう感じている自分なのだということに気づくはずです。

要するに、「欲しいものを手に入れたい」「苦しい状況からラクになりたい」「好きな人と思いが通じ合いたい」という欲求はきっかけでしかなく、いまこの瞬間、あなたがどう感じているかが肝心なのです。

このようなワークを通じて、自分を客観視することができ、頭の中がすっきり整理されるはずです。同時に、「自分のことって、案外わからないものだな」という事実にも気づかされるでしょう。

自分の心の声を聞くためのレッスン

続いて、自分の感情をしっかりと感じるためのワークを行います。それでは、リラックスしながら次の問いに答えてみてください。

質問に対して過去の出来事を振り返り、関連する場面があれば、感情を含めてリアルに思い出してみましょう。

ワーク2 過去のさまざまな感情を思い出そう

- どんな時に、理解してくれる人のありがたさを感じましたか？
- どんな時に、おなかがよじれるくらい笑いしましたか？
- どんな時に、心から幸せを感じましたか？
- どんな時に、人への感謝を伝えましたか？
- どんな時に、悲しくて涙を流しましたか？
- どんな時に、怒りを爆発させましたか？
- どんな時に、自分のことを嫌いだと思いましたか？
- どんな時も、自分自身を大切にしてきたと言えますか？

どうでしたか？ スラスラと答えられた人もいれば、解答に時間がかかった人もいるでしょう。

時には過去の出来事が脳裏にありありと浮かび上がったかもしれません。感情をともなった体験は、記憶に刻まれやすいのです。

それでは、ここ最近の感情に焦点を当ててみましょう。

あなたは日々の暮らしの中で、「ありがたい」「ホッとする」「幸せだなぁ」という思いを抱いていますか？　今日1日ではどうでしょう。もし感じていなければ、ここ1週間のうちではどうですか？

思いがけずラッキーな出来事に遭遇する……そんな日は年に数えるほどしかないでしょう。1年の大半は平凡な日常が続くわけですが、だからこそ、変わらぬ日常をどう楽しむかが幸せのカギとなります。要するに、幸せとは心のあり方次第。あなたが「イキイキと充実した毎日を送っている」と実感できればいいのです。

もしも何かひっかかるものがあったり、誰かのせいでやりたいことも言いたいことも我慢して生きているとしたら、一度ここで立ち止まってみてください。胸に手を当て、自分にこう問いかけてみましょう。

「私は本当に、今のままでいいのだろうか……」

自らの心の声に、素直に耳を傾けてみましょう。

誰かの犠牲になり続けている。なかなか努力が報われない。もしそうだとしたら、それはあなたの本当の人生ではありません。あなたが歩むべき道でもありません。なぜなら、そのような人生は天が応援してくれないからです。


あなたが天命を生きることで、天はあなたを応援することができます。今からでも遅くはありません。本書と出会ったことは偶然ではなく、あなた自身が引き寄せました。つまり、あなたは本気で変わるチャンスを天から与えられたのです。

満足のいく幸せな人生は、天命を生きることで実現します。誰しも生まれる前から決めてきた人生のテーマがあります。それを実践してはじめて人生は輝くのです。

本気で自分を表現して悔いのない人生を送ることは、幸せで充実した人生につながります。

私のただ一つの願いは、すべての人が自分の能力を開いて豊かな人生を歩むこと。そのために私はオリジナルの前世療法を編み出したのです。

前世で培った天賦の才が眠っている

天命という言葉に、大げさなイメージを持つ人もいるかもしれません。

天命とは、大いなる存在とあなたの魂が約束した使命であり、それを果たすために授かった「潜在能力」もそこに含まれます。

人はみな、自らの想像以上に才能あふれた存在です。それに気づかないまま一生を終える人が多いのは、眠れる才能を引き出す術を知らないからです。自分に才能があるなんて信じられないし、そんな自信もない……。そう思い込むのは実にもったいない話なのです。

当然ながら、あなたにも特別な能力が備わっています。私たちが日常生活で使っている能力は、そのほんの一部にすぎません。

顕在意識や潜在意識という言葉を聞いたことがあるでしょうか。論理的な思考や意思を司っているのが顕在意識、感情や感覚を司っているのが潜在意識で、潜在意識に対する顕在意識の割合は50分の1と言われています。潜在意識の領域は、自覚もコントロールもできません。私たちは日頃、持てる力の2パーセントしか使っていないのです。

また、顕在意識と潜在意識のさらに奥には、宇宙の根源とつながる無意識の領域が広がり、これは集合的無意識とも呼ばれています。

私たちの魂は何度も輪廻転生をくり返し、さまざまな人生を歩んできました。そして、積み重ねてきた体験のすべてが潜在意識に記録され、その時に習得した能力や知恵も、使われることなく潜在意識に眠っているのです。

パラレルライフの前世療法を受けることで、私のリサーチでは六層あるとされる潜在意識の扉が次々と開き、その領域にある宝物を引き出すことができます。すると、思いもよらない形で才能に目覚め、周囲をアッと驚かせることが可能なのです。

- 潜在意識 第1層：トラウマ・ネガティブな感情
- 潜在意識 第2層：500年ほど前までの前世の記憶
- 潜在意識 第3層：1000年ほど前までの前世の記憶
- 潜在意識 第4層：5000年ほど前までの前世の記憶
- 潜在意識 第5層：神・星・魂の記憶
- 潜在意識 第6層：宇宙意識（すべては一つ）

ここで、島田耕一郎さん（仮名）の事例を紹介しましょう。

彼は、私の前世療法を受けたことで、かつて笛の名手だった前世がひも解かれていきました。

私に出会うまで、今世では笛などにまったく縁がなく、吹いたこともなかったそうです。

それでも私は、アトランティスで笛を吹いて人々を癒していたという前世の情報が出てきた時に、彼の魂に備わった能力が、きっかけさえ与えれば一気に開花するのではないかとピンときたのです。


そこで私は「笛をやってみたら？　あなた、きっと音楽のセンスがあるわよ」と彼に伝えました。

私のアドバイスを素直に受け入れ、彼は琉球楽器の一つである笛を学び始めました。

演奏できるまでに数年はかかると言われるほど難易度が高い笛のレッスンでしたが、彼は習い始めてわずか1年でコンクールに入賞するほどの上達ぶりを見せたのです。そして、関係者からは「何年かに一人の逸材」と言わしめたのでした。

彼の場合、笛を手にしただけで自分の内側から本質を導き出し、短期間のうちに素晴らしい音色で楽曲を奏でることができたのです。

この事例が物語っているように、天賦の才が引き出されれば、どんなことであれ短期間にプロフェッショナルなテクニックを修得することができます。あなたの中にも思いがけない才能が眠っているはずなのです。

自分に自信がないという人は、積み重なったカルマが魂の進化成長を邪魔しているといってもいいでしょう。カルマがあると、意識にブロックがかかって自己実現が叶いません。たった一度の人生、思い通りに生きることができないなんて、もったいないと思いませんか？

カルマの解消は潜在能力を開くための第一歩

ほとんどの人は、自分に与えられた環境の中で、真面目に一生懸命に生きています。大それたものでなくても自分の夢や目標に向かって努力しています。

それなのに「少しも前進している気がしない」「自分はきっと幸せにはなれない」などと思ってしまう時がありませんか？

あるいは、「自分には何かが足りない」という不足感を味わったり、「どうせ私は、何のとりえもない人間」などと自己否定に陥ったり……。そういった感情はいったいどこからくるのでしょうか。

実は、あなたの意識の深いところに苦しみ、悲しみ、怒り、切なさといったネガティブな記憶があるのです。そのエネルギーは意識の表面に上ることなくそこにずっと居座っているため、本人はなかなか自覚できません。

それは、古ぼけたフィルターを通して現実を見ているようなもの。明るさ、楽しさ、喜びなどのポジティブな感情を味わいたくても、その古ぼけたフィルターを外さない限り、あらゆる出来事をネガティブなものとして受け取ってしまうのです。

たとえば、自分が「こうなりたい」という夢を思い描いても、目の前の（ネガティブに見える）現実とのギャップで、「どうせ、人生は思い通りにならない」と行動する前に諦めてしまうことはないですか？

人生が思い通りにならないのは、あなたの思い描く夢が実現不可能だからではありません。潜在意識に積み重なったカルマがネガティブな思い込みや観念をつくり、それに影響を受けてしまうからなのです。

前向きになろうとするたびに腰が引けてしまう。自信がなくて一歩を踏み出せない。そんな状況の人は、たいていカルマから影響を受けた思い込みや観念が、魂の進化成長を妨げています。

この先もずっと同じことが起き続けるとしたら……あなたはどう考えますか？

人生の邪魔をしているもの、その代表格がカルマです。

私たちは肉体だけの存在ではありません。魂は何度も生まれ変わり、いくつもの人生を経験してきました。その経験のすべては魂にしっかりと刻みこまれています。

前世で味わった痛み、悲しみ、怒り、不満、自己否定といったネガティブな感情が幾重にも折り重なり、あなたの魂を曇らせてしまっているのです。魂本来の力が発揮できないのは、そのためです。

思い通りの人生を生きるには、不要なものを取り除くことが先決です。なぜなら、今地球の波動がどんどん上がっているため、以前より内側のネガティブなエネルギーが表面化しやすくなっているからです。

カルマをそのままにしておくと、より困難な状況を招きかねません。

人の一生とは、まさに学びの日々。私たちは降りかかる苦悩から気づきを得て、魂を進化成長させることでカルマの解消をはかるようにプログラムされています。それを実現するためには愛の深さ、意志の強さ、感性の鋭さなどが試されるのです。

しかし、このストレス社会には魂の進化成長を妨げる要因があふれています。心身が疲弊し、余裕がなくなり、純粋に愛を表現しようとしてもうまくいきません。そのような状況から、天命に気づくことなく一生を終える人がほとんどなのです。もし生まれ変わったとしても、また同じ課題で人生をやり直すことになり、今世よりも過酷な人生を送ることになりかねません。

天命を知るには、カルマを解消することから始めましょう。

それにはいくつかのステップがあります。チャクラを開き、さらに潜在能力を引き出すというプロセスを踏むのです。

ほとんどの人は、膨大な数のカルマを抱えたまま人生を歩んでいます。背負った荷物を降ろすように、カルマを降ろすことができればどんなにスッキリすることか。今よりも軽やかに、鼻歌を歌いながらスキップをするように人生を楽しむことができるはずです。

しかし、こればかりは自分ではどうすることもできません。そもそも潜在意識自体が自分の意思でコントロールできない領域だからです。さらに「これはカルマだ」という自覚がまったくないので対処のしようがないのです。

あなたの「幸せな人生を歩む」というビジョンを実現するには、大いなる存在のサポートを受けながら最優先でカルマを解消する必要があるのです。

「今の自分は幸せだ」と声に出してみよう

人には、それぞれに思考のタイプがあります。たとえば、さんさんと降り注ぐ朝日を見て、ある人は清々しい朝を迎えた喜びを感じ、またある人は日差しの強さを嫌って憂うつな気分になるかもしれません。同じシチュエーションでも感じ方は十人十色。あるいは、その時々で気分が変わることもあるのが人間です。

世界的にみても、日本人はとくにネガティブ思考が強い国民性だと言われます。自分の言動を意識的にポジティブな方向へ修正するクセをつけないと、すぐにネガティブ思考へ流されてしまうため、私たちは悩みや不安が尽きないのです。

私は日頃からポジティブ思考を心がけています。機会を見つけてはポジティブ思考に役立つセミナーやワークショップへ参加し、そこで学んだことを実践しながら自分のものとしているのです。そして、周りの人にもポジティブ思考の大切さとそれを実践するコツを伝えています。

何かに悩んだり落ち込んだりしている人がいれば、ネガティブな状況から抜け出すためのアドバイスをすることもあります。その人が元気と笑顔を取り戻してくれるだけで私の喜びとなり、自分が「天命を生きている」ことの実感につながるのです。

あなたの思いが言葉となり、行動となって目の前の現象を引き寄せます。つまり、あなたの思いが現実をつくっているのです。となれば、あえてポジティブな言葉を発することもネガティブ思考のサイクルから抜け出す一つの方法となるでしょう。

たとえ幸せとは言えない状況であっても、「今の自分は幸せだ」と宣言することで言霊を活かすのです。心の中で叫ぶのではなく、声に出すことで言葉の持つバイブレーションが肉体に響き、より前向きな意識が芽生えます。

それでは、試しに「私は幸せ！」と声に出してみましょう。

私は、幸せ！　だから大丈夫！
私は、幸せな人生を歩むと決めている！
私は、自分で自分を幸せにしている！
私は、ますます幸せになっていく！

言霊を活かすには、語尾を「〜している」と現在進行形にすることが決め手となります。私たちはたいてい「〜になりますように」と祈願します。たとえば、「どうか幸せになれますように」と言うことは、現在が「幸せでない」ことの証明になってしまいます。そうではなく、すでに自分は幸せだという言葉を発することが大事なのです。

ゆっくりと深呼吸をしながら、言葉をくり返しましょう。なんだかワクワクしてきませんか？言葉のパワーに共鳴するように、内側のエネルギーが高まっていくでしょう。その段階までくればどんな状況でも楽しさや喜び、ワクワク感、心地よさ、優しさ、嬉しさを感じることができるようになります。

私たちは、自らの意志により現実をコントロールすることが可能です。目の前の現象がどうであれ、まずはポジティブな感情を意識的につくりあげ、それをくり返し実感することで好感体質に変えていくのです。


人生の幕を引く時に「いい人生だった」と言えるかどうかは、今のあなたにかかっています。過去のあなたが今をつくり、今のあなたの意識が未来をつくるのです。

その一方で、現状に満たされない思いがあり、先々の自分に不安を感じている人は、残念ながら思い描いた通りの未来がやってくる可能性が高いのです。

望んでいない現実に直面しているなら、意識を変えるチャンスです！さっそく楽しいことやワクワクすることをイメージしてみましょう。最高に輝いている未来の自分を思い浮かべてください。喜びのバイブレーションがしっくりと馴染む感覚を意識して、ネガティブな自分からポジティブな自分へと変化させるのです。進む方向が定まれば、あとは思い通りの人生が展開していくでしょう。

言葉に出しても幸せという実感がどうしても湧いてこない……。そのような場合は、「命があるだけで、私は幸せだ」と表現してみてはどうでしょうか？　生きていることへの感謝の気持ちには、矛盾が生じません。

ただし、潜在意識の領域に「どうせ自分なんか、幸せになれるはずがない」というネガティブな思い込みがある場合は、言霊の力でそのブロックを解除しようとしても難しいかもしれません。なぜなら、自分の力ではコントロールできない領域だからです。

幸せという言葉に胸がザワつくような違和感を覚える人は、カルマやトラウマによって作られたネガティブな観念があるものと考えられます。

天命を生きるには、潜在意識にある観念をクリアにすることが最優先。パラレルライフの前世療法およびボディーワークは、これまで気づかなかった心のブロックを解除することに役立ちます。とくに前世でつらく悲しい体験ばかりを受けた魂には、潜在意識に多くのネガティブな思いが蓄積しています。それが人生に想像以上の影響をもたらしているのです。

セッションを終えたクライアントのみなさんは、スッキリとした表情で「ずいぶん心と体が軽くなった」と感想を述べています。生まれ変わった気持ちで苦労の日々を感謝として受け止める人も少なくありません。

あなたの思いが変われば言葉が変わり、行動が変わります。そして、持てる能力を発揮して世の中に貢献する人生を軽やかに歩むことができるようになるのです。

自分が主役の人生を歩む

これまでも説明したように、幸せには人それぞれに解釈のしかたがあります。

平穏無事でいることを幸せととらえている人もいますが、本当にそうでしょうか？ おいしいものを食べたり、温泉に浸かって疲れを癒したり、大好きな人と同じ時間を過ごしたりすれば、誰しも「あぁ〜幸せだな」としみじみ思うかもしれません。しかし、それらはあくまでも一時の幸せであり、やがて過ぎ去ってしまうものですよね。

自分の内面からこんこんと湧き出る喜びが、私は「真の幸せ」だと考えます。その喜びにともなうワクワク感は、魂の進化成長によって呼び覚まされます。現状から一歩も二歩も前進した時に味わうことができるのです。

平穏無事という言葉が表すように、変化のない安心安全な環境ではこの上ない充実感、すなわち「真の幸せ」を実感することは難しいかもしれません。

幸せとは、「本当の自分」を生きてこそ得られるもの、そのためには天命を知ることが必須条件です。自分の魂が今世に生まれる前から決めてきた天命を果たすことが幸せのバロメーターだと思うのです。


競争社会に生きる私たちは、周りの人と比較するクセがついています。

たとえば、友人の結婚式に出席したとしましょう。友人のパートナーのルックスや職業、学歴などが気になる人も多いはずです。言葉にしなくても、心の中で「勝った」「負けた」とジャッジすることはありませんか？　仮にあなたの立場が友人より「負けた」と感じる場合、友人の結婚を心から喜べないかもしれません。

その逆に、不運な人を見た時に「かわいそう」と同情しながら、どこかで優越感を覚えることもあるのです。

そういった競争意識にとらわれている限り、「本当の自分」を取り戻すことはできません。つまり、「真の幸せ」を手に入れることも叶わないのです。

どうか気づいてください。自分の人生という舞台でセンターに立つのは誰ですか？　主役としてスポットライトを浴びるのは、あなたをおいて他にはいないのです。

人や社会の尺度で物事の価値を決めるのではなく、まずは自分が「幸せである」ことに注目しましょう。魂の成長を人生の軸とすれば、不安や怖れの多くが取り除かれ、感情のコントロールが容易になります。そうすれば自然と「幸せの感度」は上がってくるのです。

人はみな、集合的無意識の領域でつながっています。あなたの心のあり方はその他大勢の人に影響を与えているのです。そのため、あなた自身の「幸せの感度」が上昇すれば、周りの人、地域、社会、国、地球、宇宙にまでそのエネルギーが伝わり、大転換を引き起こすきっかけとなるでしょう。

私はそんな未来に期待しているからこそ、一人でも多くの人が天命を知り、幸せに満ちた人生を送るためのサポートをしたいのです。

苦難の末に独自のメソッドを確立

ここで、私のことについて触れておきましょう。

現在、前世療法のセラピストと介護施設を運営する経営者としての二足のわらじを履いています。今でこそ、これが私の歩むべき道だと確信を持っていますが、自分の天命を知ったのはそう早い時期ではありませんでした。

天命の道をスタートするまでの私の人生は、困難ばかりに見舞われる過酷な日々でした。その渦中にある時は「なんでこんなに努力をしているのに報われないのか……」と思い悩みましたが、苦難を乗り越えた今、その体験のすべてが自らの成長に必要だったと理解しています。人生に無駄なことなど何一つないのです。


沖縄で生まれ育ち、20代前半で結婚した私は、夫の実家がある秋田県で暮らし始めました。封建的な風習が根強い地域で、嫁として暮らすことが学びだったのでしょう。

東北地方と故郷の沖縄では、気候風土はもちろんのこと文化や習慣がまったく異なります。親子三世代が暮らす大所帯の家事を嫁の仕事としてすべて任され、朝から晩まで働きづめ。自分のことなど二の次で、ただ家族に尽くす日々を送りながら「こんなはずじゃなかった」と私は自己矛盾を抱えていました。

とくに姑との価値観のギャップにはさんざん悩まされました。環境の違いから「ダメな嫁」と言われ続けた私は、もともとの明るく活発だった性格も、みるみる暗くなっていったのです。しばらくして夫の実家を離れ、夫と子どもの4人で暮らすことを選択。私は結婚前に教員だった経験を活かし、学習塾の講師の職に就きました。子どもたちの笑顔に囲まれ、生徒や親御さんからも信頼と評価を受けるようになり、ようやく自分らしさを取り戻していったのです。

夫婦は互いを尊敬し、ともに成長する関係性が望ましいわけですが、引っ越して家族水入らずの暮らしを始めたにもかかわらず、なぜか夫婦のバランスが崩れていきました。

私が働き始めたことにより、夫は自分の収入を好き勝手に使い、家庭にお金を入れなくなったのです。我慢の限度を超えた私は、とうとう離婚を決意しました。

離婚という体験は、人生のターニングポイントとなりました。

30代でシングルマザーとなった私は2人の息子を連れて沖縄へ戻り、子どもたちを養育するために死にもの狂いで働きました。多忙を極める日々は体力的にハードでしたが、精神的には自由を感じていました。それでも「自分の使命を生きる」という実感は、この頃にはまだありませんでした。

次男が小学生の頃に不登校気味となったことで悩み苦しみ、「私はこんなに努力しているのに、なぜ報われないのか」という思いでいっぱいになりました。宗教に入ったり、自己啓発セミナーに通うなどして原因を知ろうとしましたが、納得のいく答えを得ることはできませんでした。

「天地創造の大いなる存在よ、あなたに大いなる計画があるとすれば、すでに私はその準備ができています。あなたの手足として、どうぞ私をお使いください」

ただただ、そう祈る日々が続きました。現実的には、安定した職もなく貯金もない、不登校児を抱えたシングルマザーでしたが、なぜか心の準備だけはできていました。

今振り返れば、度重なる困難に見舞われたからこそ、ただ一心に自分の内側を見つめ、気づきを深めていくことができたのだと思います。

「あらゆる困難は自分の外側ではなく、内側から生じるもの。解決の糸口を探して内側を探求すれば、誰かに頼らずとも自然と答えが導かれる。すべては自分次第。私が人生の主人公なのだから！」とそのように考えて、諦めずに自己探究を続けました。

離婚してから、40代となった私は、瞑想を日課とした日々を送るようになります。さまざまなセミナーに参加するなど自己探究にものめりこみました。

私の人生、こんなものじゃ終わらない。必ずやらなければならない使命があるはずだ。そう思ったからです。

私は、ただひたすらに祈り続けました。そして、自分の思いを天にぶつけました。

「私は本気で使命を果たす決意ができています。地球をパズルに例えるとしたら、海の一片の役割でいいですので私を使ってください」

もうやるべきことはやり尽くした。あとは天の采配に任せるしかない。そんな心境の中で、何も変わらない現実に祈りながら耐えたのです。必ず自分にはやるべきことがあると疑わず、投げ出すことはしませんでした。

そして、いよいよ私の祈りが天に届けられました！

忘れもしない、48歳になった1月7日の誕生日のこと。ゾウが群れを成して走っている夢を見ました。何か予感めいたものを感じた私に、その4日後の1月11日、「仕事をしなさい」というメッセージが降りてきたのです。

人生の折り返し地点を過ぎ、むしろ遅いスタートと言えるでしょう。それでも自分の潜在能力が開いたことは、私の人生にとって大きなギフトとなりました。持てる能力を開くことなく人生を終える人が多い中で、「自分はなんて幸運なんだ！」と思わずにはいられませんでした。

その日以降、フーチを使ったさらなる能力開発にまい進した私は、前世療法やボディーワークなど独自のメソッドを構築。人を癒すという天命をまっとうするべく「パラレルライフ」を立ち上げたのです。

それから5年後、介護サービス事業を開業しました。実は、人の世話、特に病人や高齢者に尽くすことは私の前世でやり残したことでした。フーチによりそのことを思い出したのです。

初めての起業であり、相当な苦難があると予測はしていましたが、「これも自分のやるべきこと。天命に違いない」と確信し、もう逃げるわけにはいきませんでした。

あなたの今世とは輪廻転生の卒業試験

本気で生きるのに手遅れということはありません。誰もが天命を生きることを決意したその瞬間から、人生の次のステップに入ります。何歳からでも能力は開花しますが、まずは「天命を生きる」と決意することが大事なのです。

この人生にどれほどの意味があるか、自覚して生きている人はほとんどいません。さらにいえば、日本に生まれたこと自体が大いなる存在からのギフトであることに気づいている人も少ないでしょう。日本人というだけで、私たちは実に恵まれた立場にいるのです。

周りの環境について考えてみてください。

- 帰る家があり、夜になれば静かに眠りにつくことができる
- 空腹に耐えることなく、食べたい時に食事ができる
- つねに清潔な服を身につけ、ファッションを楽しむことができる
- スポーツや音楽、芸術などの娯楽を楽しむことができる
- 行きたいところへ自由に出かけることができる
- 家族や友人など、さまざまな人と関わりを持つことができる
- 秩序が保たれた安心安全な社会で暮らすことができる
- 自分の能力を活かした仕事で社会に貢献することができる

どうでしょうか。日本の社会では、生きるために困ることはほぼありません。それが当たり前と思い込んで私たちは日常を送っていますが、よく考えれば、実に奇跡的なことではないでしょうか。

世界の各地には、多くの問題を抱え、明日の命さえ保障されない人たちがたくさんいます。不衛生な環境で病気が蔓延している地域、農作物が育たず常に餓えと戦っている地域、国や宗教の争いが絶えず命の危険にさらされている地域、災害に見舞われて環境悪化が著しい地域、医療を受けられず病気で多くの人が亡くなっている地域、女性や子どもに充分な教育を与えられない地域……。

そう考えると、豊かなモノに囲まれ、平和で安心した暮らしができる日本人は本当に恵まれています。海外の人から見れば、「平和ボケ」などと揶揄《やゆ》されることも多々ありますが、あなたは日本人に生まれたことに対し、どれほどの感謝の気持ちがありますか。

生まれ育つ環境については、実はあなたの魂が決めてきたのです。

すべての魂は、宇宙の法則にしたがって輪廻転生しながら進化成長をし続けています。これまでも私たちは何千回と生まれ変わり、その数だけ前世を経験しながら魂を進化成長させてきました。日本人は魂の進化成長が一歩も二歩も抜きん出ているのです。

私たち日本人は、あともう少しで輪廻転生のサイクルを卒業できるところまで来ています。

そう、この人生はまさに私たちにとっての卒業試験なのです。

魂の歩みが100段ステップとすれば、今世は99段目、あと1段上がれば輪廻転生のサイクルを卒業するという状況にあります。もちろんすべての日本人がそうだと言えるわけではありませんが、少なくともこの本を手にしたあなたは卒業試験の予備軍です。

自分が決めたプラン通りの人生を歩めるか。どう能力を発揮して天命を果たすか。どう愛を表現して生きるか……。こういった課題のクリアが合格へのカギとなるのです。

ただし、最後の1段は簡単に上がれそうでいて、なかなか上がれません。何の気づきもない人生を送っていれば、とうてい無理な話なのです。

魂にこびりついた何層(重量にして何トン)ものカルマを一つひとつ取り除くためには、たくさんの人生を経験する必要があります。最後の1段とはいえ、平均寿命80年の人生では時間がまったく足りません。人並み以上の苦労を背負い、悩みや悲しみを乗り越えて愛を実践したとしても、解消されるカルマには限りがあります。

だからこそ、私はパラレルライフのメソッドを構築したのです。

48歳で自らの天命を知った私にとって、残りの人生で卒業試験にパスするためにはどのようにして効率的に悟りへ近づくかが課題です。魂の成長を加速させるためには、カルマを一気に解消し、潜在能力を開くことのできる前世療法しか道はなかったのです。

天命を知ることは幸せな人生の必須条件

私が介護サービス事業を始めた理由は前世のやり残しだと述べましたが、それともう一つ、30代の頃から抱いてきた「沖縄に雇用を起こしたい」という思いが強くあります。

全国から見ても、沖縄県の失業率はつねにワースト1位。働きたくても仕事がない、就職しても充分な給料が得られず長続きしない……というように、県民はデス・スパイラルに陥ってしまっています。不名誉なレッテルを返上するためには、雇用の場をつくり出すことが必須です。一人でも多く安定した職に就き、力を発揮してほしい。充実した人生を歩んでほしい。介護サービス事業により雇用の場をつくることは、生まれ育った故郷・沖縄への恩返しであり、自らに課した社会的責任だったのです。

介護サービス事業はようやく干支で一巡したところですが、この12年間を振り返ると多くの人々に支えられてきたことを実感します。今日まで続けてこられたことに感謝の思いが湧き出てくるのです。

現在、忙しくも充実した日々を送っています。この幸せや喜びも、自分が天命を生きているからこそ味わえること。人生山あり谷あり、チャレンジをくり返しながら迷わず突き進んできた結果、こうして新たなステージにたどり着くことができたのです。

あなたを幸せにできるのは、あなたしかいません。誰かが幸せにしてくれるわけではありません。あなたの内側に、素晴らしい能力がまだまだ眠っているのです。

同じ体験でも、受け取り方は人それぞれ。どのような心持ちで日々を過ごし、どのように現実と向き合い、目の前の出来事をどう受け止めるか……ということが、幸せを実感する決め手となるでしょう。

自分の能力を存分に発揮し、充実感を味わいましょう。思い通りにならない出来事に遭遇しても、能力を発揮している現実があれば、内なる喜び、そして幸せへの実感は揺らぐことがないのです。

さらに大切なのは、決して自己満足に終わることなく、誰かの役に立とうとすること。自分以外の誰かの力になることができたか、ほんのわずかでもプラスの影響を与えることができたか、ということです。

私たちは一人で生きているわけではありません。誰かとの関わりがあってはじめて喜びや悲しみ、楽しさ、悔しさ、怒りなどのさまざまな感情が湧いてきます。それらの体験を通して多くを学び、自己を成長させていくことが生きる目的でもあるのです。

自分は誰かの役に立つことができたという体験が自己肯定につながります。

自分自身を愛することができた時、本当の意味で、人を愛することができます。深い愛を実感することができます。そして、心が満たされて、幸せをしみじみと味わえるのではないでしょうか。

人は誰しも完璧ではありません。できることもあれば、できないこともあるでしょう。それでも、自分に備わった能力の一部分でも発揮し、誰かに喜んでもらえれば、必ずや「幸せ」という実感を持てるはずなのです。

今日からできるハッピーフィーリングのすすめ①

1日数分の積み重ねで、ポジティブな自分を自分でクリエイトしていきましょう。私が実践していた方法をご紹介します。

《割り箸を使って口角を上げるレッスン》

いつも笑顔の人、表情が微笑んでいる人は、自ずと幸せを引き寄せます。意識しなくて、微笑みが自然に出るようになるためのレッスンです。たとえば食後など、毎日朝晩、実践してみましょう。

①割り箸を横にして歯で加え、その状態で「い～」と口を開きます。そのまま1分間キープ。この時、口角を上げることを意識しましょう。

②一度、割り箸を外して休憩したら、また①を1分間キープ。2～3回繰り返します。

第2章 才能を引き出すパラレルライフのメソッド

祈りの日々により秘められた能力が開花

パラレルライフの活動を始めて約18年。チャクラのエネルギーを整えるボディーワークや、カルマを解放する前世療法など、いくつものオリジナルのメソッドが誕生しました。

パラレルライフのメソッドを体験した人たちが、「武茂さんは、子どもの頃から見えないものが見えたり、聞こえないものが聞こえたり、霊感が鋭かったんですか?」とたずねてくることがあります。

クライアントのみなさんには、私が特殊な能力の持ち主であると映るようなのですが、それはまったくの誤解です。

沖縄には、ユタやノロと呼ばれる神様のメッセージを降ろす役目の人がいます。祈りの儀式を執り行う場として大切にされてきた聖地や、自然に守られてきた高波動のパワースポットが点在しているのもこの島の特徴です。そういった意味では、高いエネルギーとつながりやすい環境にあると言えるでしょう。

実際にも、霊感の強い人やスピリチュアル好きの人が多く集まる土地柄なので、それに惹かれて県外から移住してくるケースも珍しくありません。そんな沖縄で生まれ育った私ですが、もともと霊感を持ち合わせていたわけではなく、むしろ「超」がつくほどのリアリストでした。

私は、人の2倍も3倍も苦労して働き、時には理不尽な目にあいながらもへこたれず、しぶとく人生を切り開いてきた人間です。どんな困難も明るく前向きに乗り越える精神的な強さは、さまざまな経験により自然と身についたものだと思います。超現実的で、三次元的な生き方を実践してきたからこそ、こんなに努力をしても報われないというのは、目に見えない力が働いているのだろうか。それは一体何なのか、と探求し続けてきました。その結果、潜在能力が開いたのでした。

潜在能力は、本来、誰にも備わっているものです。その眠っている力を目覚めさせるには、宇宙の根源である大いなる存在とのつながりを取り戻すことが絶対条件です。

そのために私は40代半ばから、ただひたすらに祈り続ける日々を送りました。神の言葉を代弁するユタやノロなどの霊能者に頼らず、唯一絶対の存在とダイレクトにつながりたかったのです。

いつか不思議な現象が自分の身に起こることを信じ続けてきましたが、そんなある日、高次元からのメッセージをインスピレーションで受け取ることができたのです。ただそれは、あくまでも偶然のタイミングでした。継続してメッセージを受け取るには、私の能力が未熟だったのです。

あるセミナーに参加した時のこと。「アマテラスの力を借りて、人々を挫折から救いなさい」というメッセージをキャッチしました。

その言葉を啓示と受け止めた私は、沖縄の聖地や高天原、伊勢神宮などアマテラスに縁のある場所へ足を運びました。

伊勢神宮では「待っていたよ」という声が聞こえ、私は思わず「遅くなって申し訳ありませんでした」とお詫びの挨拶をしたのです。と同時に、私の中でこんな疑問が浮かびました。

「まだわからないのです。あなたの力を借りて人々を挫折から救うには、具体的にどう行動したらいいのでしょうか」

どうしたらいいかわからず、かといって霊能者のような誰かに教えを請うても自分が納得しなければ意味がありません。「答えは、自分で見つけるしかない」「能力を開かずして人を救うことはできない」ことを再確認し、私は祈りの日々に戻っていきました。

人生の大転換を図るには、宇宙の根源である大いなる存在とつながって自身に内在する能力を引き出すしかありません。「必ず自分の能力を開く」という信念のもと、私は決して諦めることなく、粘り強く祈り、自己探求を続けました。

そして47歳の時にフーチと出会い、リーディング能力が開花したのです。ようやく自分にも……という喜びでいっぱいになりました。さらなる自己探求によってスピリチュアルな感性がどんどん磨かれていく実感は、楽しくてしかたがありませんでした。

フーチと出会い「パラレルライフ」を設立

すべての人には天命、すなわち天から与えられた使命があります。誰もが生まれる前に、この人生でやるべきことを自分で決めてきました。あなたの魂にもそれが刻まれているのです。

これまでピクリとも動かなかった私の運命の輪は、思いもよらないことがきっかけでグイッと周り始めました。ある日、精神世界についてよく話をしていた友人が私を訪ねてきて、「面白いものに出会った」と言うのです。

それが、フーチでした。フーチとは、ダウジングで用いられる器具であり、西洋ではペンジュラムとも呼びます。

「フーチを使って潜在意識にアクセスすると、いろいろなことがわかるのよ」

そう説明する友人から手渡されたフーチは、まるいクリスタル製の重りに20センチほどのヒモが付いた振り子のようなものでした。

ヒモの先を指でつまみ、呼吸を整えて心の中で質問を投げかけると、振り子が左右に揺れて動き出します。さらに別の質問をすると、今度は縦や横に揺れます。まるで意思を持っているかのようなその動きを目の当たりにした私は、すぐに「これだ！」とピンときました。

フーチの反応は、必ずしも私の意思とは一致しませんでした。それこそが潜在意識の領域にある答え、意識下の自分なのだとわかったのです。

その日以来、私は夢中でフーチに取り組みました。心の中で質問したことに対し、すぐに答えが得られることはもちろん、自分自身と向き合い成長を実感できることにも強く惹かれたのです。意識が拡大し、インスピレーションが働きやすくなることで、フーチの回答を得るスピードはどんどん速くなりました。フーチの使い方が目に見えて上達し、鑑定の精度が上がっていることに自信を持つことができたのです。

一人ひとりに内在する叡智《えいち》にアクセスすれば、真の情報を引き出すことができます。いよいよ私のフーチは、天命を読み取るレベルにまで達しました。いの一番に自分の天命を調べてみたところ、私の天命は次のような言葉になりました。

私の天命は、人々の能力を開くことです
すべての人々に天命を知らしめ、真実の道を歩ませます

このメッセージを自分でキャッチした時、心が震えるのを感じました。「私はこれを求めていた」と体が反応していたのです。

どうか私を使ってください。使命を与えてください。そう神に祈り続けたことでもたらされた天命であり、ようやくつかんだ真実でした。

その一方で、もう一人の自分がこのような言葉をささやきます。

神様はなぜ、これほどの大きな役割を私に与えたのだろう。

もっと小さな役でよかったのに……。これほど大きな役割を与えられて、本当に驚きました。

それでも「与えられたからには、絶対に全うしよう」という決意はできていました。役割を果たすだけの能力も開花し、「私は世界でいちばん幸せ者だ」と2年ほどは思っていたのです。

一方で、他者の人生に関わることには、大きな責任がともなうとわかっていました。

天命を受け入れる時は、誰もがそのワクワクした期待とは裏腹に、不安や恐れが頭をもたげてくるもの。つまり、自分の慣れ親しんできたネガティブなパターンがあがき出すのです。不安や恐れを受け入れてしまえば、それを言い訳として、新たなステージへ踏み出すことを簡単に

諦めてしまいかねません。従来のパターンを自らの意志で脱却しなければ、人はなかなか成長することができないのです。

意識の深いところでは、私自身がどう行動すべきかわかっていました。人々の能力を開くという天命を果たしてこそ、私の魂は真の喜びを実感できるのです。

1日に何時間も集中してフーチに取り組んだ結果、フーチと出会ってひと月も経たないうちに、潜在意識のあらゆる情報を自由に引き出すオリジナルの方法をマスターしました。

自分のことはもちろん、他者の潜在意識にアクセスして、その人の前世やカルマ、今世で与えられた天命などの情報を具体的に引き出すことも可能になったのです。フーチを扱うたびに私の能力は高まり、より深い領域へ働きかけることができるようになりました。それは練習して得られたテクニックもさることながら、直観が鋭くなっていく感覚です。

そして、フーチと出会って2カ月ほどが経った頃、48歳の1月11日に「仕事をしなさい」という啓示が降りてきました。

私は自らの天命を実現するために、ヒーリングの活動拠点「パラレルライフ」を立ち上げ、本格的にリーディング・セッションをスタートしました。人のため、地球のために貢献し、人々に深い愛を与える人生とするべく持てる能力を発揮し始めたのです。

見えない世界を扱うことは、私が特別だからできるわけではありません。やり方とコツさえつかめば誰もが実践可能です。これまでにも私は、多くの人にフーチの指導をしてきましたが、熱心に取り組めばリーディングはできるようになります。

パラレルライフのメソッドは、クライアントの潜在能力を開くことが目的です。前世療法やボディーワークなどのセッションを受けると全身のエネルギーの通りがよくなるため、一気に能力が開かれて修得が早いのです。

私と同じような能力があっけなく開くケースも珍しくありません。そのような場合、クライアント本人が「信じられない！」といちばん驚きます。カルマを解消して第7チャクラを開くというステップを踏めば、あなたも必ずできるようになるでしょう。

フーチを使った潜在意識へのアクセス法

パラレルライフの前世療法では、クライアントの潜在意識へダイレクトにアプローチします。そして、クライアントのカルマに関する情報を引き出し、その一つひとつを解消していきます。

思い通りにならない人生の原因がどのような魂の体験からきているのか、今世にもっとも関係する前世をひも解きながら原因を探り、クライアントの気づきを促していくのです。

前世の情報を引き出す際には、基本的にフーチ（ペンジュラム）を用います。

初歩的な使い方としては、質問に対して重りが動く方向でYESまたはNOを判断します。能力がステップアップすると、フーチを手にしただけでクライアントの前世の情報が引き出されるようになります。それを言葉にして伝えるのが、私のリーディングのスタイルです。

最近ではリーディングの精度がさらに向上し、瞑想状態で相手の潜在意識にアプローチすれば、フーチを使わなくても必要な情報が自然と口をついて出るようになりました。

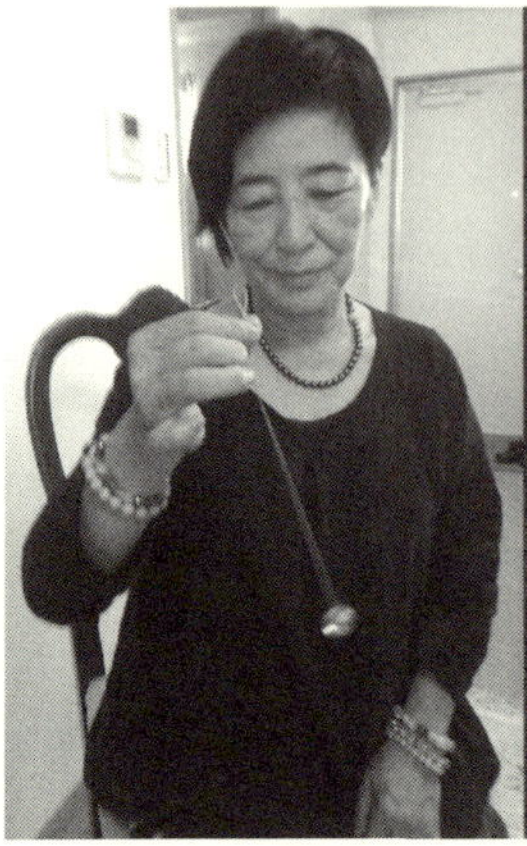

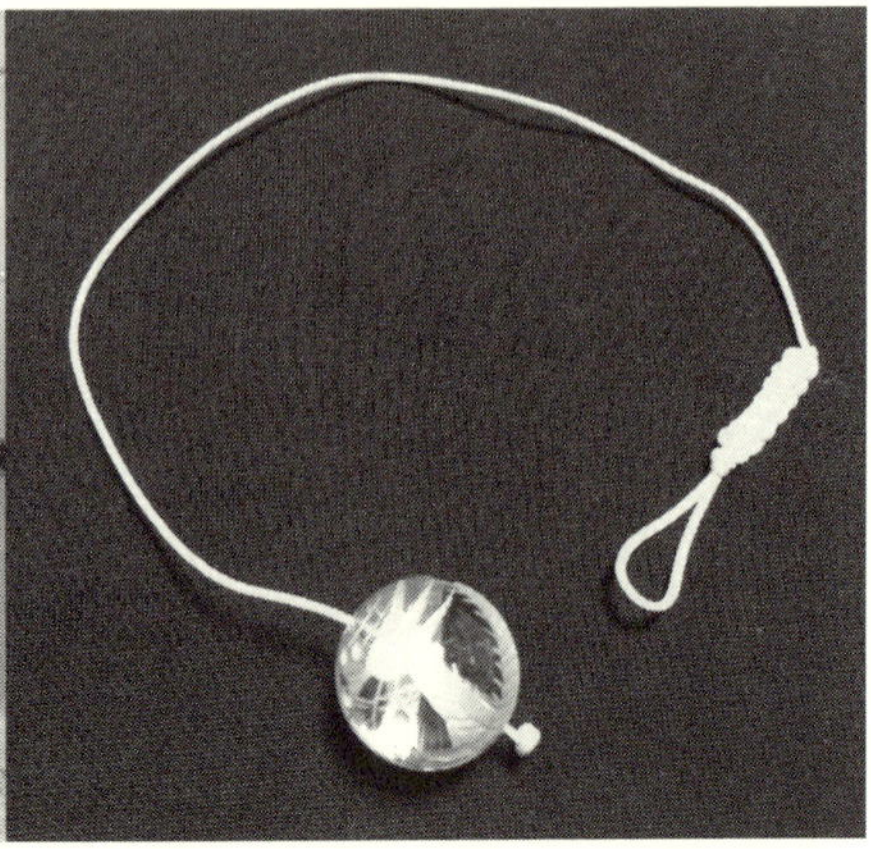

さまざまな波動（エネルギー）を感知するフーチは、縦横や回転などの揺れ方によって潜在意識にアクセスするもので、レッスンを受ければ誰でも扱えるようになります。

自分の内面を見ることが難しい人でも、フーチを使えば面白いように「まだ知らない自分の情報」をキャッチすることができるのです。

現在、那覇のカルチャースクールで週1回のフーチ講座を開いています。前世療法のような深い意識にある情報を引き出すためには、ある程度の鍛錬が必要ですが、身近な質問であれば初心者でもリーディング可能です。

毎日1時間ほど、フーチを使って「自分の心の声を聴く」こともよい学びとなるでしょう。まずは「自分の内側に何をたずねるか？」を考えてみてください。自分と正直に向き合えば質問内容もすんなりと浮かんでくるはずです。

ただし、この時に他人のことは聞かないようにしましょう。自分を深く知ることに焦点を当ててフーチのレッスンを行うことが大切です。そうすることで自分の潜在意識も開いていくのです。

それでは、実際にフーチを扱ってみましょう。

《パラレルライフ流 フーチ講座》

◎フーチ（ペンジュラム）には、クリスタルや天然石、プラスチックなどさまざまな素材のものが出回っていますが、どれを使ってもＯＫです。

◎聞き手の親指と人さし指でチェーンをつまむように持ちます。フーチから15〜18センチ前後の長さが持ちやすく、自然に揺れや回転の動きが起こりやすいでしょう。これはあくまでも目安なので、自分にフィットする長さを探してみてください。

◎リラックスした状態の時に行うことが正しい情報を読み取るコツです。フーチが停止した状態で、自分の内側に問いかけるように質問してみましょう。声には出さず、心で問いかけるだけでも大丈夫です。

◎フーチの動きでＹＥＳ・ＮＯを確認しましょう。たとえば、「私の名前は〇〇〇です」と自分の名前を言った時に、ＹＥＳの回答として回転か、縦横に揺れるかの反応が表れます。一般的にはＹＥＳで右回転または縦の動き、ＮＯで左回転または横の動きになります。その時のフーチの反応があなたの基準です。

◎それでは、次の質問についてフーチで情報を受け取ってみましょう。また、自分でも質問表を作って実践してみてください。

※フーチでは自覚していない潜在意識の情報を引き出します。それはあなたのすべてを知る高次の存在からの情報です。自分の思いとは反対の答えが返ってきて驚くことがあるかもしれません。しかしそれは、これまで気づかなかった真実なのです。

【自分についての質問】

①私は幸せだと思っています（YES　NO）
②私は不幸だと思っています（YES　NO）
③私は幸運だと思っています（YES　NO）
④私は運が悪いと思っています（YES　NO）
⑤私は自立しています（YES　NO）
⑥私は依存しています（YES　NO）
⑦私は自分を愛しています（YES　NO）

⑧私は愛を与えています（ YES NO ）
⑨私の脳波は（ ガンマ波 ベータ波 アルファ波 シータ波 ）です
⑩私には大きな使命があります（ YES NO ）

【人生についての質問】

①私は希望を持って生きています（ YES NO ）
②人は希望を持って生きていくべきです（ YES NO ）
③私は夢を持って生きています（ YES NO ）
④人は夢を持って生きていくべきです（ YES NO ）
⑤私は夢を叶えたいと思っています（ YES NO ）
⑥私は納得のいく人生を送りたいと思っています（ YES NO ）
⑦私の人生は紆余曲折があります（ YES NO ）
⑧私の人生は順風満帆です（ YES NO ）
⑨私の人生で大切なものは（ 愛 お金 仕事 人間関係 精神性 ）です
⑩私の人生は豊かです（ YES NO ）
⑪私の人生は自由です（ YES NO ）

【潜在意識についての質問】

①人の潜在能力は無限です（YES　NO）
②私は人の潜在能力は無限だと思っています（YES　NO）
③私の潜在能力は開いています（YES　NO）
④人の潜在能力を個数で数えると私は（　）個開いています
⑤私は今世において潜在能力を（　）個開かなければなりません
⑥私は潜在能力を開くために今世生まれてきました（YES　NO）
⑦私が真に成功するには潜在能力を開くことが近道です（YES　NO）
⑧私が真に成功するには天命を認識すべきです（YES　NO）
⑨私の潜在能力を人を救うために使うべきだと思っています（YES　NO）
⑩私の潜在能力は地球を救うために使うべきだと思っています（YES　NO）

ネガティブをポジティブに変えるセッション

人間の脳は、2パーセントほどしか使われていないと言われています。私たちは、持って生まれた能力を眠らせたままなのかもしれません。その能力を引き出すことができれば、さらに充実した人生が広がるでしょう。

私たち一人ひとりには、天から与えられた素晴らしい能力が秘められています。世のため人のために、天賦の才とも言うべきその個性が発揮されれば、愛と調和に満ちた世界が実現するに違いありません。

ところが現実は、ほとんどの人が自らの持てる能力を発揮していません。なぜなら、潜在意識の領域は自分で開くことが難しいからです。凝り固まった思い込みやネガティブなもののとらえ方などが思考パターンとなり、事あるごとに前向きな意識を邪魔しています。

たとえば、何かにチャレンジする際には「頑張ろう！」という意欲的な自分がいる一方で、「どうせ失敗するに決まっている」「人と比べて能力が劣るんだから、やめておこう」といった言葉を投げかける自分もいます。

否定的な内なる声は徐々に大きくなり、そのうちに自信とやる気が失われて一歩を踏み出せなくなってしまうのです。

行動しなければ失敗して傷つくこともないので、振り上げた旗をそそくさと下ろし、元いた場所に戻ってしまう。すると今度は「やっぱり、自分は何もできない人間だ」と落ち込み、元いた場所よりもさらに後退してしまう……といった事態になりかねません。このような進歩のない足踏み人生は、実にもったいないことだと私は思います。

私たちは、どう息を吸ってどう吐くかを意識せずに呼吸をしています。また、手足をどう動かすか考えずにバランスよく歩いています。これと同じように、無意識にネガティブな思考がパターン化されてしまうのです。

さらに詳しく説明すれば、私たちの脳内には物事を判断する神経回路がありますが、そこに（前世から影響を受けた）否定的なもののとらえ方がプログラミングされていると、つねに不安と恐れが先に立ってそのプログラムがくり返し再生されるのです。前進しようとする自分の足を、自ら引っ張ってしまうことのないように、そのからくりに気づかなければなりません。

目の前で展開される現象は、すべてあなたの思考がつくっています。「できない自分」という思い込みにより、「できない自分」が現実化されているのです。

どのようなフィルターを通して見るかにより、同じ人生がまったく違ったものになります。幸せや満足のフィルターを通せば、どんな状況でも「この世はなんて美しく、幸せに満ちているのかしら！」と感じるでしょう。片や、不安や悩みのフィルターを通せば、「この世はなんて暗く恐ろしいところか。これでは心が休まらない！」と感じてしまいます。

このフィルターという存在こそが、過去の経験から組み立てられたプログラム、凝り固まった思考パターンなのです。誰もが幸せで満ち足りた毎日を送りたいと願っていても、長いあいだで刷り込まれた思考パターンを手放し、プログラムを変更することは自分の力では容易ではありません。このように人生とは、実にやっかいなものなのです。

そこで私は、独自の研究により、自己の内側を変容することでネガティブなプログラムを書き換えるパラレルライフのメソッドを編み出しました。

意識の深いところにある純粋なパワーを引き出すためには、ネガティブな思考パターンをクリアにする必要があります。内面にプラスの変化をもたらせば、自然な流れでチャクラが開花し、魂に刻まれた天命が浮き彫りとなるでしょう。

ぜひ、持ち前の能力を発揮して充実した人生を歩んでいただきたい。そんな熱い思いを抱きながら、これまでも多くの人に前世療法およびボディーワークのセッションを行ってきました。

クライアントの「変わりたい」という自覚があればさらによいのですが、たとえ自覚がなくても前世のカルマは解消されるのがパラレルライフの前世療法なのです。

膨大な量のカルマを解消する前世療法

ひと昔前と比べると、生まれ変わりを信じる人は確実に増えています。私が前世療法をスタートした1998年当時は、精神世界やスピリチュアルという言葉に対して、オカルト的なイメージからか否定的な見方をする人も少なくありませんでした。そういう意味で私の活動は、一歩も二歩も先をいっていたのかもしれないと思うと、感慨深いものがあります。

一人が経験する「前世」は一つや二つではありません。私たちの魂は数え切れないほどの生まれ変わりを経験し、そのすべてが魂の記憶に刻まれています。このように前世はたくさんあるわけですが、パラレルライフの前世療法では今の自分にとってクリアすべき問題に関連した一つが出てきます。つまり、知る必要のある前世の情報が出てくるのです。

「前世療法」といってもさまざまなスタイルがありますが、パラレルライフの前世療法は、「困難の多き前世にこそ、カルマを取り除き天命に出会うポイントがある」という考え方が基本です。平穏な一生を過ごした前世の経験からは、今抱えている問題を解決するヒントは見つかりません。私のリーディングで引き出される前世は、多くの場合が恨みや怒り、悲しみなどのネガティブな感情をともなう困難な出来事のオンパレードです。その情報をありのままに受け止めれば、不快な感情を再び味わうことになるかもしれません。しかし、その気づきによって内側では必ず大きな変化が起こるのです。

前世とは、過去の時代を生きた魂の記憶です。敵対する相手と殺し合うことが当たり前の時代、食べる物にも困るような貧しい時代、夢や希望を抱くことなど許されない自由を奪われた時代など、さまざまな時代を生きた人生経験の一つひとつが、私たちの魂には刻み込まれています。それらの記憶をベースにして物事を見れば、今世の自分がどれほど恵まれた環境にあるか、実感することができるでしょう。

ささいなことで不平不満を漏らすなど、実におこがましい行為なのですが、それでも私たちは日々、カルマを積み重ねてしまいます。実際には、何千年、何万年と輪廻をくり返すなかで膨大な量のカルマを抱えて生きているのです。

それは重量に換算して400~500キロ、人によっては1000キロ以上の荷物を背負い、果てしなき道を歩いているようなもの。幸せに暮らす楽園を目指して必死で歩いているにもかかわらず、荷が重すぎてカメのようなスピードしか出ないのです。

気づきを得てカルマを解消することは、悟りを得ることへの第一歩です。それは決してたやすいことではありません。宇宙の真理を理解せず、漠然とした一生を送っていたのでは、魂の進化はとうてい見込めません。

だからこそ、魂に刻まれた前世の記憶をひも解いて、過去に負った傷を自らの愛で癒し、意図的にカルマを解消していくことが必要なのです。

過去の傷を無視して人生をただ歩むだけでは、今世で与えられた課題をまた来世へ持ち越すはめになってしまうでしょう。

パラレルライフの前世療法では、一人ひとりが背負い込んだ重荷（カルマ）を下ろすサポートをしています。カルマを解消すれば、軽やかに、そしてスピーディーに楽園へたどり着けるはずです。

具体的にどのような変化があらわれるか、箇条書きにしてみましょう。

・ネガティブな自分が変わる
・閉じているチャクラ（1～6まで）が開く
・人生のステージが上がる
・潜在能力が開く
・仕事がうまくいく
・人間関係がうまくいく
・ソウルメイトと出会う
・病気が回復に向かう

自分の足で、目的地へ到着しよう！　そう心に決めた人は、自己実現までの時間に加速度がつき、やりたいことを次々と実現させていくでしょう。これまでの2倍も3倍も充実した人生が展開するのです。

私自身、まるで高速道路を最高スピードで疾走するスポーツカーのように、パラレルライフの活動と高齢者の介護サービス事業という両輪で、今世を駆け抜けています。

アトランティス時代の能力を引き出す方法

これまでに数千人の前世療法を行った経験から気づいたことは、ほとんどのクライアントが、アトランティス時代の情報を持っているという事実です。セッションを行うと、この人も、この人もというふうにアトランティス時代の前世が次々とひも解かれていきます。

アトランティス時代に滅亡を経験した多くの魂が、今世、日本人として生まれ変わっているのでしょう。もちろん、私にもアトランティス時代の前世があります。あなたもその一人かもしれません。

アトランティスが実際に存在していたという史実は解明されていませんが、かなり多くの人の魂にその時代の記憶が刻まれていることは無視できません。私自身、アトランティス説は決して荒唐無稽《こうとうむけい》な話などではなく、その時代に生きたという記憶を一人ひとりがしっかりと受け止めるべきだと思います。

リーディングによると、私たち現代人が置かれた今の状況は、約1万2000年前に起こったアトランティス滅亡期の状況とまさにリンクしています。私たちは二度と同じ過ちを犯さないように、生活や心のあり方を見つめ直す必要があり、そのために今世、生を受けたと言えるのです。

かつて私たちが生きていたアトランティス時代とは、どんな世界だったのでしょうか。私がリーディングから得た情報をご紹介しましょう。

現代よりもはるかに文明が栄えていたアトランティスでは、一人ひとりが持てる能力を発揮することで、社会の調和が保たれていました。科学も精神も高度に発達した、私たちの想像を超える楽園のような世界だったと考えられます。

宇宙の根源である大いなる存在としっかりつながった個々の魂は、宇宙の法則にもとづき、祈りや瞑想を日課として自身のエネルギーを整えました。霊性を高め、魂を成長させることに各々が責任を負っていたのです。

あらゆる生命と調和し、常に感謝を忘れず、愛と平和を実践して生きる。互いを思いやり、優しさを表現することが当たり前な生活だったので、すべての人が幸せと豊かさを享受できていました。

太陽光や風といった自然エネルギーをおもに用い、水素ガスも実用化されていました。信頼のおける人格者が国の代表を務め、リーダーとしての力を発揮し、理知的に国をまとめました。任期で交代するシステムなので独裁体制は起こらず、規律によって社会の統制が取れていたのです。

テレパシー能力も発達し、人間同士はもちろんのこと、動物や植物など他の生き物とも言葉を超えたコミュニケーションが可能でした。多くのアトランティス人にはいわゆる超能力が備わっていて、その能力はクニのために役立てられていました。それぞれに与えられた魂の役割、天命を生きることにより、社会のシステムが見事なバランスで機能していたのです。

能力開発については、とくに幼少期の教育がポイントとなります。まずは妊娠中の胎教から細心の注意が払われ、子どもが3歳になると、一人の子どもに数人の神官がついて才能の開発を行います。天文学、海洋学、数学、料理、芸術、音楽などから本人が興味のあるものを複数選んで、超能力を持つ専門の教育者（乳母、保母、家庭教師）が個別に指導したのです。

13歳で寄宿舎に入り、優秀な教官の指導によって潜在能力の開発をさらに強化していきます。フーチを使ったリーディング、ヒーリング、テレパシー能力、ボディーワークなどを訓練するのです。

18歳からは自分の得意分野に分かれ、神官の見習いとして神殿で働きながら、修行を積む段階に入ります。

人材教育の課程が終了すると、人はみな自立します。開かれた才能を活かしてクニのために働くのです。

平均寿命が120歳と今よりも長く生きるため、100歳頃までは当たり前に働いていたようです。自身の能力を発揮することで魂が成長するわけですから、仕事に就くことはとても重要なことでした。


かつてアトランティス時代に培った私たち一人ひとりの潜在意識に眠る豊かな才能と叡智《えいち》は、今目覚めの時を待っています。

パラレルライフの前世療法を受けることで、すみやかに意識の扉が開かれ、能力が開花して最高の自分を取り戻すことができるのです。周囲が驚くような活躍を見せる人も珍しくありません。人々のために活かしてきたアトランティス時代の能力は、あなたに天命への気づきと、この上ない幸福感をもたらすでしょう。

まさに、第1章で紹介した島田耕一郎さん（P.27）がそうでした。かつて笛の名手だった才能が再び開かれたことにより、常にうつむきがちだった人生が180度転換して自信を取り戻し、あれよあれよという間に成功者としての道を歩むことになったのです。

他にも才能を開花した人はたくさんいます。芸術的なセンスが開かれ、アーティストとして大成した人。カードリーディングの才能が引き出され、クライアントの琴線にふれるメッセージを届けるカウンセラーとして活躍している人。なかには、人の心を読み取る能力に目覚め、その結果、営業としてダントツの成績をあげるようになった人もいます。

自分の中にどのような才能が眠っているか……。それを知る方法は、生活のあらゆる場面に散りばめられています。

たとえば、習ってもいないのにできてしまうことなどは、アトランティス時代に培った能力の現れかもしれません。あなたもぜひ、楽しいことや心惹かれること、ワクワクすることに注目してみてください。

あるいは、苦手意識や抵抗を感じることの中に、天命へのヒントが隠されていることもあります。意外に思うかもしれませんが、かつての苦痛を感じた前世の記憶が表面化し、心にザラザラとした引っかかりをつくっているのです。そのような物事に対しても、毛嫌いせず、一度トライしてみるといいでしょう。

前世療法をはじめとするパラレルライフのセッションは、これまでの転生で手放せずに抱え込み、今世に至ってしまった膨大な量のカルマを、効率的かつ安全に解消するための最適な方法です。

ただし、私はあくまでもそのサポート役に過ぎません。重荷を降ろして自己を変容させるのはクライアント自身です。自分が人生の主役であることを自覚し、自分の足で歩むという強い意思が、天命へと導く原動力になるのです。

滅亡を体験した魂が日本人に生まれ変わる理由

栄華をきわめたアトランティス文明でしたが、わずかなほころびから滅亡へと向かうことになります。一部に、食の乱れから権力を独占しようとする者が現れ始めたのです。

ネガティブなエネルギーを完璧にコントロールしてきた社会システムが、人々の「自分さえよければ」というエゴの肥大によってゆがみが生じ、存続の危機を迎えるまでに時間はそうかかりませんでした。

愛と調和の世界は、一気にバランスが崩れ始めました。今から約1万2000年前、天の裁きが下ったかのような大規模な自然災害により、一昼夜のうちにアトランティス大陸は海の底へ沈んでしまったのです。

そして、アトランティス文明の存在を証明する遺跡や記録の数々はすべて海の藻屑《もくず》となり、歴史からも消滅しました。

滅亡の原因には、愛と感謝の欠如や精神性の低迷、自然環境の破壊などさまざまな要因がからみあっていたようですが、もう一つ、食の乱れがあったことも私のリーディングから明らかになりました。

アトランティス時代には、穀物や野菜や果物を食べる他にも太陽光や空気からプラーナと呼ばれる生命エネルギーを採り込むなどの方法で、必要なエネルギーをまかなっていました。穀物や野菜・果物以外で、他の生き物の命を奪ってまでお腹を満たすことはなかったのです。

ところが、ある時期から人々は肉食を好むようになりました。とくに牛や馬など、人間と同じほ乳類動物の肉を食べるようになったことが不調和の引き金となったのです。

この状況は、現代人にも通ずるところがあります。肉類や加工食品の過剰摂取などバランスの悪い食生活は、あらゆる不調の原因となるからです。また、肉を食べるために多くの命を奪っているという事実も無視できません。

このような食生活を続けていけば、私たち現代人は宇宙の調和からますます外れていくでしょう。人間も自然の一つと考えれば、エゴによりその調和を乱すことが、ひいては自分たちの存続の危機につながるのです。

高度な文明とともに、跡形もなく消えてしまったアトランティス大陸。その時に滅亡を体験した多くの魂には、喪失感や後悔の念などのネガティブな感情が深く刻まれたに違いありません。

アトランティス時代の前世を持つ人は、無意識にもカルマを背負い込み、転生を重ねながら自己否定をし続けてきました。集合的無意識でつながった心の痛みは、幾度生まれ変わっても解放されないまま引き継がれています。

今世を「アトランティス時代の生き直し」ととらえれば、おのずとその課題が浮き彫りになるでしょう。カルマから解放されるためのリバース（再体験）こそが、この世に生を受けたテーマなのです。

大いなる過去から学び、二度と同じ過ちを犯さないためにも、日々愛と感謝の気持ちを示して喜びの人生を歩むことが大切です。すぐに実行できなくても、そう心がけるだけで目の前の現実がどんどん変わっていくでしょう

自分の天命に気づいてからの私は、パラレルライフのメソッドを確立して「人の能力を開く」ことにコミットしてきました。

自分らしく、愛を表現して生きよう。そう決めた人に寄り添い、背中をそっと押しながらサポートすることが私の役割です。実際にも、前世療法を受けてカルマを解消した人たちは、「それまでの自分とは明らかに違う」という感想を持つようです。

クライアントのみなさんとは、おそらくアトランティス時代からのご縁を引き継いでいるのでしょう。あの時代に生きた時がそうだったように、今世でも、私たちは「再びこの地球を楽園にする」ために手を取り合う約束をした間柄なのかもしれません。なぜなら、クライアントのみなさんとは集合的無意識でつながった共通の思いを強く感じるからです。

もちろん、まだ出会っていない方でも、本書を手に取ってくれたことでご縁はしっかりと結ばれました。いずれお会いする日も訪れることでしょう。

第7チャクラの活性化がもたらすこと

前世療法を行う目的は、「ネガティブな思考パターンをポジティブなものに変え、それによって自身の天命を知り、最高の人生を歩むこと」です。

私たちの魂は、今世での課題を決めてからこの世に誕生します。どのように生きて、どのように課題をクリアするか、その結果どう地球に貢献するかということをあらかじめプランニングしてくるのです。

その記憶はいったん消されてから生まれるため、その後、プランを思い出すことはありません。同じように、一人ひとりに天命が与えられているという事実も知らずに生きていることが当たり前なのです。

天命とは、大いなる存在とのあいだで交わされた約束です。

たとえば、破産や失業、大病などで人生のどん底を味わった後に、生まれ変わったかのようなイキイキとした人生を送るケースはよくあります。目の前に立ちはだかる困難な出来事は、自身の内面に変革を起こし、人生を大きくシフトさせるきっかけになるからです。

このようなつらく苦しい経験により、自らの天命に気づかされることも珍しくありません。良し悪しは別として、インパクトの大きい現象ほど気づきや学びにつながりやすいと言えるでしょう。

自分なんてどうせこの程度の人間だ……と諦め、チャレンジを避ける人生では魂の成長を望むことも、天命に目覚めることもできません。

目に見えるものだけが真実だと思い込んでいる人もいますが、今世を終え、大いなる存在の元へ魂が還る時に天命を知ったとしても、どうしようもないですよね。「もっとああすればよかった、こうすればよかった」と人生を後悔することにもなりかねません。

何も気づかないまま人生を終えてしまうのは、実にもったいない。私たちの一生は長いようで短いため、のんびり構えてはいられません。そのために私は、前世療法をはじめとするパラレルライフのメソッドで、一人でも多くの人が自身の天命を知るためのサポートをしているのです。

各々が持てる能力を開いて最高の自分を生きることができれば、この地球と、さらには銀河系にも平和と安らぎが広がるでしょう。まずは自分自身の幸せと平和に責任を持つことが急務となります。

私たちは本来、魂がその本質であり、進化成長し続けている存在だということを知る必要があります。そうでなければ、身に起こるさまざまな出来事を通して何かに気づき学ぶことはできないでしょう。

生まれる前に約束してきた課題を思い出し、イキイキとした人生を歩むためにもっとも大切なのは第7チャクラを活性化すること。こうして能力を開花すれば、前世療法などのリーディングは誰でもできるようになります。

パラレルライフのメソッドを受けて第7チャクラが開花したというクライアントのみなさんに集まってもらい、フーチのレッスンを行ったことがあります。すでに能力が開いているので集中力が高まり、それぞれにリーディングし合う相乗効果もあって、短期間のうちに参加した全員がフーチを用いた前世療法をマスターしました。

このように自身のチャクラを開くことは、内在している叡智《えいち》や才能を引き出すためのもっとも効果的な方法なのです。あなたの潜在意識にも眠っている才能があふれています。それを引き出して活かすのは自分次第。感情ブロックを外してカルマを解消すれば、幸せの感度が上がり運気もアップします。

まずはあなたが、この世に生まれてきた意味、すなわち天命を知ることから始めましょう。

パラレルライフのメソッドと遠隔療法

パラレルライフでは、バラエティ豊かなメソッドを用意しています。前世療法でカルマを解消するとともに、今世でためこんできたトラウマの解消のボディーワークをセットで受けたほうが効果は高いでしょう。また、顕在意識と潜在意識のギャップを感じていただくためにもボディーワークは必要なのです。

たとえ自分の望んだような人生での体験が引き出されなくても、自分の心の声に耳を傾ければ必ず腑に落ちるでしょう。その気づきがある人ほど変化が現れやすいのです。

必要な情報はクライアントの名前と生年月日のみ。その時に悩み事を抱えていたとしても、パラレルライフのメソッドは問題解決を目的とするものではありません。カルマが解消されることで、結果的に調和のとれた状態を取り戻すことができるのです。

次に、パラレルライフのおもなメソッドをご紹介しましょう。

沖縄まで来て直接会うことが難しいという人には、遠隔セッションを利用する方法があります。セッションのお申し込みは電話やメールで受け付けています。その際には名前と生年月日をうかがい、セッションの日時を決めますが、当日には約束した時間にこちらから電話します（通話料はパラレルライフが負担）。

まずは名前と生年月日の基本情報にもとづいてリーディングを行いますが、クライアントの声の状態からも抱えているカルマや魂の状態を見ていきます。場合によっては悩み事などをヒアリングします。

続いて、フーチによるリーディングに入ります。所要時間は平均して1時間ほどですが、それ以上になる場合もあります。

セッションの最後には祈りの言葉をお伝えし、それを3回唱えていただきます。いったん電話を切って、祈りを唱えた後にかけ直してもらいます。そして、1週間ほど経ってから電話をかけ直してもらいます。いずれにしてもクライアントの声の変化で、カルマの解消や魂の状態などを確認するのです。

パラレルライフのおもなメソッド

前世療法

ネガティブな影響が強い前世をリーディングし、その時に生じたカルマを解消します

バーストラウマ

あなたが胎児だった頃に体験した負の感情をリーディングし、ポジティブな情報に書き換えます

エンジェルリーディング

あなたが堕天使だった時代の前世をリーディングし、前世療法よりも根深いカルマを解消します

神の前世

あなたが神だった時代の前世をリーディングし、前世療法よりも根深いカルマを解消します

天命のセッション

あなたが今世に生まれてきた目的、すなわち天命に気づくことで第7チャクラを解放します

第3章 潜在意識へアクセスするボディーワーク&前世療法

チャクラの詰まりを解きほぐすボディーワーク

自分とは、いったい何者なのか？

物質的に見れば、触れることができる肉体と答えるでしょう。そしてエネルギー的に見れば、肉体を取り巻くエーテル体・アストラル体・コーザル体で構成されたエネルギーボディと答えるでしょう。そこに心や魂といった要素を含めれば、まるごとの自分自身となります。

持てる能力を存分に発揮するには、体と心と魂のバランスがとれていることが必須条件です。そのためには滞ったエネルギーの流れを改善すること。まずは、エネルギーの取り入れ口であるチャクラを活性化する必要があります。

ちなみに、人体には7つのチャクラがあります（図①）。そして、能力を開花させるカギとなるのが、第7チャクラです。この部分のチャクラが開くと、自らの天命に目覚め、内側に大きな変化をもたらします。

パラレルライフのメソッドでは、フーチを用いてクライアントのチャクラを確認しますが、チャクラの活性状態には個人差があります。たとえば、玄米や有機野菜などを中心とした腹八分目の食生活を心がけている人、あるいはヨガや瞑想を日課として霊的向上に努めている人などは、チャクラのバランスが安定しているのです。

しかし、多くの場合はチャクラが詰まった状態にあります。パラレルライフのメソッドであるボディーワークは、このチャクラの詰まりを解消するもっとも効果的な方法と言えるでしょう。

まずは各チャクラと連動した腹部の場所に手を置き、滞りを解消するようにトリートメントを行います（図②）。詰まりが見られるチャクラの場所は凝り固まり、時にはしこりを感じることもあります。グッと押し込んだ時に滞りが大きいほど痛みを生じますが、それが解消されると心身の両面に明らかな変化が期待できるのです。

各チャクラと連動した腹部の場所には悲しみ、苦しみ、怒り、恨みなどのネガティブな感情が凝り固まった

図①

図②

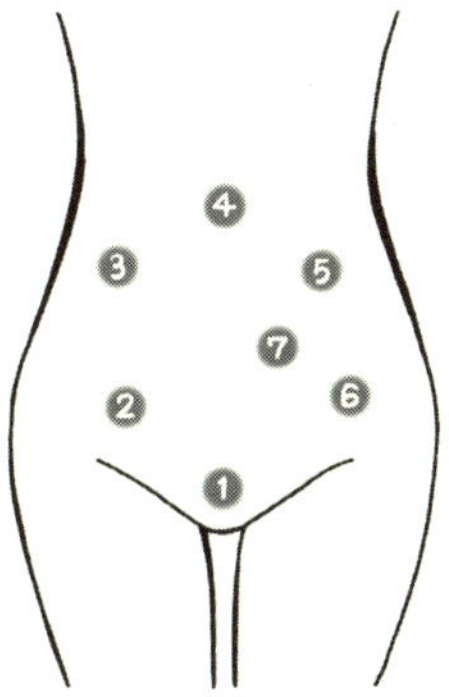

エネルギー状態で存在しています。それは吐き出すことなく蓄積したトラウマです。そのままの状態では全身を流れるエネルギーが滞り、体の不調を招いたり運気を下げたりするのです。

そのことに自覚症状がある人はほとんどいませんが、パラレルライフのボディーワークを受けると、あちらこちらに感情のブロックが存在することに気づき、抱えている問題と正面から向き合うことになるのです。

私のセッションでは、第1から第7までのチャクラのうち、まずはどの場所を解放すべきかフーチで確認します。いずれのチャクラもたいてい滞りはありますが、クライアントにとってもっとも解放すべき場所（チャクラ）をフーチが教えてくれるのです。

しこりになっている腹部の場所には、その人にとって重要な課題が隠されているケースが少なからずあります。連動するチャクラからトラウマを読み解くと、気づきを促すようなメッセージが必ず引き出されるのです。

パラレルライフのメソッドでは、ボディーワークでチャクラの調整を行うとともに前世療法を受けることをおすすめしています。エネルギーの流れがスムーズになり、カルマの解消も進みやすくなるからです。

基本的にはボディーワークと前世療法をセットで行うことにより相乗効果をねらいます。セッション後の感想では、「肩こりや腰痛がすっかりラクになった」「体が軽くなった」などの身体的変化を感じる人が多く、続いて「何ごとも前向きにとらえられるようになった」「心が軽くなった」など精神面の変化も顕著に見られます。

こうして心身両面への働きかけにより、効率的に「自己を解放する」ステップを踏むことができるのです。

実際にボディーワークを受けた高山美代子さん（仮名）のケースをご紹介しましょう。

武茂流ボディーワークによる感情ブロックの解放

〈高山美代子さん（仮名）のボディーワーク〉

武茂　まずは、第1チャクラと連動するポイントから押さえていきますね。

あなたは、しんどい思いをして生きてきましたね。第1チャクラのメッセージは……「私は好きなものを食べて生きます。美味しいものを食べたいのです。私は自分の味覚に自信があります」

と出ましたよ。

高山　はい、食べることは好きです。確かに舌は肥えているほうかも。

武茂　次に、第2チャクラのポイントを押しますね。あらら、ここはものすごく固い。「私は能力を開いて生きていきたいと思いますが、能力を開くのは簡単ではないですよね。諦めが肝心ですよ」という声が上がってきました。

高山　はぁ……そう思っているかもしれません（苦笑）。

武茂　（第4チャクラのポイントを押しながら）ここ痛いでしょう？　7～8歳の頃に、何かつらいことがありましたか？　たとえば、大きな挫折を味わったとか……。

高山　え～っと……あ、7歳の時に母が亡くなったんです。

武茂　そうだったんですね。第4チャクラは愛がテーマなんです。高山さんはここに大きなブロックがあって、活性化していませんでした。では、メッセージを読み取りますね……。

「私は人々に求められているのでしょうか？　私の愛を人々に与えたいという思いがありますが、はたして人は、私を必要としているでしょうか？

私に、我慢と忍耐の賞状をください。トロフィーでもいいです。どんなことにも耐える自信はありますし、何よりもこれまでずっと耐えてきました。こんな私を、どうか表彰してください」

私は、このメッセージを受け取りながら、自然と涙があふれてきました。これまでずっと耐え続けてきた高山さんの苦悩の日々が胸に迫ってきたからです。

メッセージの表現方法が実にユーモラスなのは、その苦労を真正面からとらえるのではなく、客観的な視点により可能な限りポジティブに受け止めようとする高山さんの意識の現れなのでしょう。

武茂　（第5チャクラのポイントを押しながら）ここも痛いですよね？　5歳の頃かな。何やら感情的な痛みがありますが……。

高山　5歳といえば、母が末期がんを患い、闘病生活を送っていた時期でした。まだ幼かったので、病名などは何も知りませんでしたけれど。実は私、母が亡くなった時に少しも涙が出なかったんです。その後、私と弟は父の元を離れ、祖父母や親戚の家に預けられました。

武茂　なるほど。強がりなあなたは、自分が堪えているところを人に見せまいとしていましたね。だから、素直に泣くってことを自分に許さないわけです。ずっと大変なのが当たり前と受け入れてきた人生だったのですね。

高山　そうかも知れません。

武茂　「ずっと我慢に我慢を重ねてきた」とストレートに訴えるのではなくて、神様に「私を評価して、賞状をください、トロフィーをください」とユーモアで返しているわけです。実際、あなたはどんな大変なことにも耐えられる、強い精神力の持ち主だと思いますよ。

高山　はい、我慢強さでは人に負けないと思います（笑）。

武茂　（第6チャクラのポイントを押しながら）ここは第3の目、霊能的な力を持っていることを示します。それほど滞っていないので、感性はとても鋭い人ですよ。いろんなことを予見してしまうんじゃないですか？　メッセージを受け取ってみましょう。

「私に役割があるとしたら、ゆっくりと、そこへたどり着けるように努力します。やりますよ、私は……」

あなたはすでに、自分の天命をしっかりと生きる決意ができているようですね。とても強い意志を感じます。ただし、第2チャクラと第5チャクラのポイントが固い状態なので、時期を迎えてないのでしょう。

第5チャクラとは表現力を示すところ。ここにエネルギーのブロックがあるということは、自分を表現せず我慢ばかりしてきた証拠です。でも、あなたは人にそれを見せることをしません。

高山　たしかに、自分の生い立ちや感情を人に伝えることはあまりしなかったですね。初対面の武茂さんにズバリ言い当てられて、本当に驚きました。

母が闘病生活をしていた頃のことですが、何の根拠もなく、「お母さんは、そう長く生きられない」ということをわかっていました。
ある日、まだ5歳だった私は、母に「もうすぐ死んじゃうの？」と無邪気にたずねたことがありました。その言葉で母をひどく傷つけてしまったのです。
母が他界してからずっと、その出来事が忘れられません。なぜあんなことを口にしてしまったのか、今も後悔の念を抱えているんです。

武茂　お母さんも、さぞつらかったでしょう。かわいい盛りのわが子を置いて旅立つわけですから。

高山　そういえば、最近になって母への感謝の思いが改めて湧いてきました。そして、月命日にお墓参りをするようになったんです。母のことを誰かに話すこともなかったのですが、今日こうして武茂さんに母との思い出を聞いてもらって……なんだか偶然とは思えません。

武茂　では、高山さんのお母さんからメッセージを受け取ってみましょう。お母さんのお名前を教えてください。「雅実さん」ですね……。
「美代子ちゃん、あなたにはつらい思いばかりさせてしまいましたね。本当にごめんなさい。

ごめんなさい。でも、美代子ちゃんがこうしてしっかり生きてくれていて、お母さんは本当にうれしいです。ありがとう。

あなたにはずっと謝りたかった。そして、いつも見守っていることを伝えたかったの。美代子ちゃん、心から愛しています。これからもあなたらしい人生を歩んでいってくださいね」

高山　……ありがとうございます。

武茂　私たちの魂には、前世を含むすべての情報が刻み込まれています。潜在意識にアクセスすれば、その情報をいつでも引き出すことができるのです。

それでは最後に、アマテラスからのメッセージを受け取ってください。

「あなたはようやく、自分がいかに大切な存在であるかを知る時がきました。それを自覚して、羽ばたくのです。羽ばたきなさい。あなたの中から、過去の痛みはすべて捨て去りなさい」

現在のあなたのイメージは……そう、白いドレスを着たギリシャの女神が、オリンポスの頂上に立っています。そしてあなたは「もう、準備はできています」という表情で空を見上げ、まさに羽ばたこうとしています！

希望にあふれた瞳で両手を大きく広げ、いよいよ前向きに人生をとらえ始めました。あなたの能力はどんどん開花していくでしょう。すべてはあなた次第です。どうぞ自分を信頼して、怖れることなく天命を生きてくださいね。

気づいた瞬間に根深い自己否定が大転換

高山さんのボディーワークでは、お母さんのメッセージが降りてくるなどの意外な展開もありましたが、まさにこのタイミングで、もっとも大きな感情ブロックを解放する必要があったのだと思います。

セッションを終えて、「体がとても軽くなり、気分がすっきりした」との感想を述べた高山さんは、ひと皮むけたようなその表情から、明らかな変化が見られました。

彼女のように、ほとんどのクライアントは出口の見えないトンネルをさまよいながら、いよいよ自分と向き合う準備ができたというタイミングで、私の元を訪れます。まるで引き寄せられるように出会うのです。

私は常に「宇宙は完璧である」ことを実感させられます。今目覚めようとする人に対し、大いなる存在はベストなタイミングでギフトを与えてくれるからです。

高山さんは幼少期の出来事をずっと引きずっていました。「母親に悪いことをしてしまった」という後悔の念が、知らず知らずのうちに強烈な負のエネルギーとなり、自分自身をがんじがらめに縛りつけていたのです。感情を押さえ込むことが当たり前のようなクセがついたのもそのせいでした。

今でも自分を表現することが苦手な高山さんには、「自分は無価値だ」という思い込みがあります。やりたいことを見つけたとしても「私にできるわけがない」とすぐにやる気を打ち消し、行動には移さない。そんな彼女は、半ば諦めた人生を送っていたのです。

一見すると自由奔放なように見える高山さんは、子どもの頃から我慢することが当たり前の生き方をしてきたので、「自分が今我慢をしている」という自覚すらありません。その観念はとても根深く、彼女の潜在意識には「我慢することは美徳である」との刷り込みがされているようでした。

時には物事に耐えることでその状況をバネにし、「なにくそ！」と自らを奮い立たせてエネルギー転換することもあったでしょう。そうでないと、ヘナヘナと崩れ落ちてしまいそうな自分がいるのです。

しかし、我慢と自己表現は対極にあります。ボディーワークにより各チャクラの感情ブロックを外した高山さんは、「もっと力を緩めて、自己表現しても大丈夫なのだ」と気づきました。そして、自分をありのままに表現することが幸福感につながることを知ったのです。

さらに、ボディーワークを通じて「母親は、少しも自分のことを責めてはいない」ことが腑に落ちた高山さんは、長年縛りつけられてきた負のエネルギーから瞬時に解き放たれたのです。

岩石のように凝り固まった感情は、ポロポロと崩れて砂となり、最終的には風に舞い上がるように消滅しました。

高山さんには、ボディーワークに続いて前世療法も受けていただきました。

パラレルライフの前世療法では、フーチを用いてクライアントの潜在意識にアクセスします。そして、リーディングにより得られた情報を、感じるままに言葉にしていくのです。

高山さんのケースでも、今世に大きな影響を与えている、前世での困難な出来事とその時に生じた負のエネルギーがありありと浮かび上がりました。

前世療法と祈りの言葉に秘められた力

〈高山美代子さん（仮名）の前世療法〉

それでは、これから高山美代子さんの前世をリーディングします……。

今現在の高山さんに必要な前世の情報は、あなたの魂が、かつて琉球の戦国時代と呼ばれていた時期に一生を送ったストーリーです。

当時の沖縄本島は南山（南部）・中山（中部）・北山（北部）という3つの小国に分かれ、さらにそれぞれの国王から任命された按司《アジ》という首長が、各地域の支配者として勢力を振るっていました。

高山さんは北山王国の按司の娘として誕生しましたが、正室ではなく、側室の子どもでした。あなたの父親は、按司という位階を先代から受け継ぎ、現在は本部町にある今帰仁城《なきじんぐすく》を治めていました。

その頃の北山王国は、中国との交易で栄える一方、琉球を統一しようとする勢力から攻撃を受けるなどの混乱期にあったようです。

父親の側室となったあなたの母親は「男児を生みたい」と祈りの日々を送りましたが、その願いは叶わず、授かったのは女児でした。

その後、あなたは仲のいい両親のもとで何不自由ない生活を送りましたが、自分が男児でなかったことへの罪の意識を拭うことはできませんでした。按司の妻にとって男児を生むことがいかに大事であるか、子どもながらに理解していたからです。

父親は、側室であるあなたの母親を愛していましたが、正室はそのことに激しく嫉妬し、あなたたち母と娘をやっかんでいました。

やがて13歳になり、父親の正室の一存で、あなたは正室の実家の次男と結婚させられることになります。その結婚生活は、予想通りにつらく苦しいものでした。父の正室は、実家の嫁となったあなたを徹底していじめることで鬱憤《うっぷん》を晴らそうとしたのです。

嫁ぎ先の家族は、夫を含めて誰一人あなたの味方はいませんでした。嫁いでしまえば、よほどのことがない限り実家へ戻ることは許されません。

必死で耐えようとしましたが、とうとう精神的苦痛がピークになりました。食べものも喉を通らなくなってやせ細り、あなたは孤立状態で16歳にして餓死したのです。

葬儀の場で、愛娘のやせ細った亡骸を目の当たりにしたあなたの母親は、深い悲しみとともに怒りが湧き上がり、父親の正室に飛びかかりました。すると、正室は持っていた棒で母親を叩き、追い払ったのです。

その後まもなく、母親は絶望の中であなたの後を追うように自殺しました。

この前世であなたの魂が体験したことは、自分が男児でなかったという自己否定感と、嫁ぎ先での「自分を押し殺し、我慢する」という苦悩だったのです。

〈高山美代子さんの感想〉

武茂さんとは初対面でしたが、旧知の仲のような安心感がありました。どこか身内のようで、話していると母性に包まれる印象です。

琉球時代の前世を聞いて、まず驚かされたのが「今帰仁城《なきじんぐすく》」に深く関係していたということです。実は個人的に好きな場所で、これまでに何度も訪れたことがあったからです。

武茂さんのリーディングから、「なぜ、こんなに今帰仁城址《なきじんじょうし》に惹かれるのか」という理由がよくわかりました。

その当時の人間関係が、今世へそのまま引き継がれているから、同じような展開をたどるという事実にも納得がいきます。こうして体験を積み重ねるからこそ、生まれ持った人生のテーマに気づき、学ぶことができるのですね。

時に厳しく、時に優しい武茂さんの言葉は、ストレートに心へ響きました。普通であれば、悲しすぎる前世のストーリーを何の抵抗もなく受け止めることはできないと思うのですが、亡き母を思わせる武茂さんの存在に、すっかり素直な自分を取り戻したのです。

どんな状況でも涙を流すことはほとんどなく、これも感情ブロックが自己表現を邪魔しているからなのでしょう。「我慢は、自己表現の対極にある」という武茂さんのメッセージが腑に落ち、自分を変えるきっかけをいただきました。

また、ボディーワークのセッションでは、凝り固まったチャクラの場所をほぐす際にかなりの痛みをともないました。それでも、身も心もどんどん軽くなる実感が得られたからか、心が弾むようなワクワク感もあったのです。

もう、何も我慢しなくていいんだ。もっと自由に、安心して自分の人生を歩んでいいんだ。そう気づかされ、この日を境に〝生き方の新しい軸〟ができたような気がします。

前向きにシフトして新たな可能性が広がる

高山さんは、これまでずっと我慢に我慢を重ねる人生を送ってきました。それは、このリーディングでひも解かれた前世のカルマに原因があることが、はっきりとわかったのです。

前世で登場した母親が、今世での他界したお母さん。そして、前世で登場した姑が、今世での継母というつながりがあるようです。

高山さんは7歳の時に病気の母親を亡くし、13歳で父親が再婚。思春期には継母から壮絶ないじめを受けたと言います。今世での人生の展開も、前世で体験したこととまさにリンクします。

その後、高山さんは継母との間に大きな変化があったそうです。壮絶ないじめを受けた子ども時代の体験を引きずりながら、形だけの母娘関係を続けてきた彼女は、ある日、継母と養子縁組がされていない事実を知りました。

もう何も我慢しなくていい。パラレルライフの前世療法を通じてそうメッセージを受け取った彼女は、次のように継母へ伝えたそうです。

「養子縁組がされていないので、私たちは他人同士です。それがあなたの望みなら、私は遺産も何もいりません！」

すると、継母は驚いたような表情で「それは知らなかった！　私たちは親子なんだから、すぐに手続きをしよう！」とその足で市役所へ行き、養子縁組の用紙をもらってきたのです。

高山さんは、その行動に衝撃を受けました。「私はあなたの子どもではない」という観念に縛られていたのは彼女自身であり、継母は高山さんのことを心から娘と思っていたのです。感謝の気持ちがあふれ出て、熱いものが込み上げてきました。そして、「これからは実母にできなかったことを継母にしてあげよう」と心に誓ったそうです。

このような気づきにより、高山さんの根深いカルマが解放されたのでしょう。その後の彼女は人とのご縁が次々と結ばれ、仕事でもプライベートでも活躍の場が広がっているそうです。

私たちの魂は、くり返し生まれ変わる中で、時代や場所が違ったとしても往々にして似通った人生ドラマを送ることになります。その仕組みにいち早く気づいてカルマの連鎖を断ち切ることこそが、人生の目的の一つ。いつまでもカルマに縛られていては、自分を幸せにすることはできません。

なぜ、思い通りの人生が送れないのか。その疑問に対し、前世療法は明確な答えを与えてくれるでしょう。

こんなにも前世の体験に影響を受けていたんだ！　という事実に気づき、その原因を受け入れた瞬間から、あなたの中の滞ったエネルギーが流れ出します。すると、凝り固まった思考が解きほぐされ、視野がパッと開かれるのです。

人は、なかなか変わることができないものですが、気づきが起これば自然な流れで人生はみるみる好転していきます。

パラレルライフの前世療法では、最後に個々人への祈りの言葉を伝え、それを何度か唱えてセッション終了となります。

祈りの言葉のバイブレーションがカルマを解消するカギとなり、声を響かせることで内側のエネルギーが流れ出します。そして、潜在意識に大きな浄化が起こるのです。

私は私の寛い愛で　すべての人々に　真の幸せをもたらします

セッションの最後、高山さんに伝えた**【カルマを解消するための祈りの言葉】**には、今世で彼女が幸せになるヒントが秘められているのです。また、祈りの言葉を唱える前と後にO《オー》－リングテストを行うと、その効果を実感することができるでしょう。

まずクライアントが右手の親指と人差し指で輪を作り、私がその輪を指で左右に引っ張ると、カルマがある場合は簡単に開いてしまいます。ところが、祈りの言葉を唱えた後で同じように試してみると、カルマが解消されたために決して離れなくなるのです。

今回の高山さんのセッションでは、お母さんの深い愛を知り、大いなる癒しへとつながりました。ネガティブからポジティブへの変化が起きたのは、彼女が特別だからではありません。誰の内側にも膨大な量のカルマが存在し、それが前へ進もうとするあなたの足を引っ張り、エネルギーの流れを滞らせているのです。

あなたが抱えるカルマは、さまざまな形で表面化されます。心身の不調はもちろんのこと、お金や人間関係のトラブル、失業や倒産など不運と思われる出来事にも少なからず影響しているのでしょう。

このように運気の低迷にもつながるカルマですが、自分の力ではどうすることもできません。そこで前世療法を受けると、内側の深い部分から解放が起こります。長年にわたって抱え続けてきた感情の痛み、間違った思い込みや観念が自分を苦しめてきたという事実に気づくだけで、カルマをパッと解放することが可能なのです。

運気が好転すると、「今よりも、さらによくなりたい」という自己探求心が活性化され、前向きな行動を起こすようになります。

高山さんがそうであったように、あなたも「自分のやりたいことをしよう」「これからは我慢せずに楽しく生きていこう」と決めるだけで、現実がみるみる変わっていくことでしょう。

続いて、前世療法の事例を2つご紹介します。

「前向きな人生へと導いてくれる武茂さんは私のライフコンサルタント」

〈湯浅悦子さん（仮名）の前世療法〉


武茂さんと出会い、パラレルライフの前世療法を沖縄で受けたのが5年ほど前。営業職に就いていた当時の私は、ワンマンな上司からのプレッシャーで心身が疲労困ぱいしていました。

武茂さんのリーディングで、上司との関係にひたすら耐えるという今世とリンクする前世がひも解かれ、的確なアドバイスを受けることができました。セッション後は上司とのコミュニケーションもスムーズになりました。すると仕事が楽しくなり、自然に物事がすべていい方へ動いていくようになりました。パラレルライフのメソッドの素晴らしい効果を実感した私は、その後も悩んだり落ち込んだりするたびに遠隔セッションを受け、さまざまな問題を乗り越えてきました。

武茂さんは「面倒見のいい沖縄のお母さん」という印象があり、その温かい人柄にいつも勇気づけられ、背中を押してもらっています。おかげさまで50歳を迎えてから、仕事も人間関係も充実した日々を送っています。ヒーラーとして、介護ビジネスの経営者として多くの人に愛を注ぎ、ミッションを実践している武茂さん。私の人生におけるスピリチュアル・コンサルタントです。これからも末永くお付き合いさせてください。

「天命を生きることで初めて本当の幸せが見えてくる」

〈金沢みのりさん（仮名）の前世療法〉

武茂さんのセッションを受けようと思ったのは、「天命」というキーワードが心に引っかかったからでした。何か自分にはやらなければならないことがある、と若い頃から感じながらも、それが何なのかわからないままに歳月が経ち、40代後半となりました。そんな時に武茂さんの著書『幸せを見つける前世への旅』と出会ったのです。

セッションを受けてみて、自分の意識が及ばないところで不自由な生き方を強いられている事実に気づかされました。そして、カルマを手放すことでラクに生きられることに不思議な安堵感と心地よさを感じたのです。

その後、人間関係に大きな変化がみられました。デザイナーとしての人脈と活躍の場が広がり、人と人をつなぐ形で新たなプロジェクトを立ち上げるなど、コーディネーターとしても活躍するようになったのです。

改めて武茂さんのセッションを振り返ると、現在やっていることはまさに4年前、私の天命として示してくれたことでした。

人生において「天命を知り」「天命を生きる」ことがいかに重要か、今身を持って感じています。これからも自らのミッションのために、無駄のない充実した日々を歩んでいきたいと思います。

今日からできるハッピーフィーリングのすすめ②

1日数分の積み重ねで、ポジティブな自分を自分でクリエイトしていきましょう。私が実践していた方法をご紹介します。

《目の表情を豊かにする眼球体操》

「目は口ほどにものを言う」というように、心の優しさや美しさは目に現れます。目を意識的に動かして柔軟にする体操を日課にしてみましょう。表情が豊かになるだけでなく、視野も広くなりますよ。

①壁などに向かい、リラックスして正面を見ます（立っても座ってもよい）。

②顔は正面を向いたまま動かさず、目線だけを上下左右、左斜め上、右斜め下、左斜め上、右斜め下へと動かします。自分が動かしやすいリズムでOK。

③目線を右回りに5回ほどゆっくりと動かし、次は左回りに動かします。スムーズに動かせない場合は、指を使って目線で指先を追いかけるようにしてください。

②

③

第4章　バーストラウマの解消がもたらす真の癒し

胎児期に隠された悩みの根本原因

パラレルライフの前世療法は、心に抱えた問題を解決すれば終わりではありません。前世からのカルマや今世で生じたトラウマを解消し、自分が果たすべき役割を知る。それによって「天命を生きる」という人生を歩み出すことが最大の目的なのです。

また、セッションを受ければ現状がパッと変わるわけではありません。何らかの問題を抱えたクライアントには、すぐに問題が解決するわけではないと念を押しています。それでも、大いなる存在の愛は、誰に対しても平等に降り注いでいます。自分の内面を変容させ、しっかりとその愛を受け取ることのできる状態になること。パラレルライフのメソッドはそのためにあるのです。

神頼みと祈りとは同じようでいて意味合いがまったく違います。光が降り注ぐ場所へたどり着けるかどうかは、あなた次第なのです。

カルマやトラウマと同様に、パラレルライフのメソッドで解消すべき要素として重要視しているのが「バーストラウマ」です。

バーストラウマとは、母親の胎内にいる時や出産時に受けたネガティブなエネルギーの影響、つまり胎児期のトラウマのことを言います。

胎児期は、今世での学びをスタートさせるための準備期間。肉体にしっかりと定着するまでの胎児の魂は、あの世とこの世を行き来している状態です。そのために胎児はエネルギー的な影響を受けやすく、とくに母親の感情を自分のことのようにダイレクトに受け取ります。

出産や育児への不安でうつうつとしていたり、仕事や人間関係のストレスでイライラしていると、母親のそういった否定的な感情を自分のせいだと思い込む胎児は実に多いのです。あるいは、自分との不調和な状況をつくり出している母親に対して怒りの感情を持つ胎児さえもいます。

一般的には知られていませんが、胎児にも感情があります。胎児期に背負った怒りや悲しみは解放されることなく潜在意識の領域に蓄積し、その後の人生に大きな影響を与えるのです。人を信用できない、自分に自信が持てないなど理由もない生きづらさを感じる場合は、おおむねバーストラウマの影響と考えて間違いありません。

２０１４年頃から、突然のようにバーストラウマのセッションを希望する人が増えました。人はみな、潜在意識よりもさらに深い集合的無意識の領域でつながっています。誰かが、そこに蓄積されたネガティブなエネルギーを解放すれば、次々と同じ状況が連鎖して起こり出すのです。

セッションを受けたクライアントは、胎児の頃の記憶をたどりながらその時に感じた恨みや憎しみ、悲しみ、怒りなどの感情を解消し、大いなる存在と調和した状態で生まれ直します。そうすることで今世をリセットし、新たな生き方をスタートさせることができるのです。

生まれ直し（リバース）を経験して人生を再スタート

パラレルライフでは前世療法を受けた後、必要に応じてバーストラウマのセッションを受けていただくことがあります。今抱えている問題に関連する前世の出来事があり、天に還ったのち、今世の母の胎内に入るという流れをリーディングしていくのです。

それによってネガティブな思考回路をポジティブな状態へと戻します。「潜在意識のリセット」と表現してもいいでしょう。要するに、本来のあるべき状態を取り戻すための「生まれ直し」をする作業なのです。

私が初めて緑川美幸さん（仮名）と出会ったのは、パラレルライフの活動をスタートした頃でした。今では15年ものお付き合いになります。年に1~2度、緑川さんが沖縄に訪ねてきたり、私から彼女の元を訪ねたり、時には遠隔でのセッションを受けてもらいながら前世療法を重ねてきました。

彼女のように定期的なセッションを受けることで、開いた潜在能力を着実にステップアップさせていくクライアントも少なくありません。

結婚されたことをきっかけに期間はしばらく空きましたが、数年ぶりに緑川さんと再会した瞬間、彼女が人生のターニングポイントを迎えているとわかりました。「今の自分を変えたい」という思いを強く感じ、さっそくフーチで確認すると、「まずはバーストラウマを解消しなさい」とのメッセージが示されました。

そして、本人の同意を得て緑川さんのセッションはスタートしました――。

「母胎に降りてくるタイミングが早すぎて絶望していた」

〈緑川美幸さん（仮名）のバーストラウマ〉

リーディングしてすぐに表面化したのは、緑川さんが胎児の頃に感じた激しい怒りのような感情でした。

私たちは生まれる前に人生を計画し、自ら母となる人を選んでその胎内に宿ります。彼女の魂は、今世でのテーマを「多くの人々の才能を開花し、地球を幸せの星にする」と決めて母胎へ降りてきました。しかし、その時期が受胎から5週目に入った頃で、あまりにも早すぎたのです。

通常、受胎から16週を過ぎた頃に魂が宿りますが、なかには緑川さんのように少しでも早く使命を果たそうとするため、予定よりも早く降りてくる魂もいます。

16週より前に宿った魂は、焦りや恐怖などのネガティブな感情を持ちやすいと言われます。なぜなら、生命活動が始まったばかりの胎児の肉体はめまぐるしく細胞分裂を起こすため、この段階で降りてくると、母胎の変動がもっとも激しい環境に置かれてしまうからです。

彼女の魂は「なぜこのような不安定な状況に苦しめられなければならないのか。母胎に早く降りてしまった私が間違っていたのか……」と混乱し、ただひたすらに「どうか元の場所へ戻してください！」と祈るしかありませんでした。

しかし宇宙の法則では、いったん母胎に降りた魂が元の世界へ戻ることはあり得ないのです。自分の必死な願いも聞き入れてもらえず、緑川さんの魂は激しい怒りを感じていました。そして、誰からも助けてもらえない絶望の中で「今世、私は孤独な道を歩みます」という間違った誓いを立ててしまったのです。

人生計画を立てた時に「今世の寿命は30年」と決めていたので、「それまでは無難に生きながら、ただ人生が終わる日を待とう」と思うのでした。

やがて出産当日を迎え、母親の産道を通って緑川さんはこの世に誕生しました。母の腕に抱かれながらも、緑川さんは「30年経てばこの人生も終わるので、それまでは我慢して生きていこう」と思うのです。

母胎へ降りる時期が早すぎたことにより、ネガティブな感情が潜在意識に刻まれてしまった緑川さん。この根深い怒りが彼女のバーストラウマです。

胎児という肉体に魂が宿ると、母親の感情に反応するだけでなく、母胎の外から聞こえてくるさまざまな声や物音もキャッチするようになります。時には聞こえてくる声（会話の内容）により、胎児がネガティブな感情を生み出してしまうこともあるのです。

緑川さんは天命を早く果たしたいという思いから、母の胎内に早く降りてきてしまったのです。しかし、それは自分が間違えたのではなく、神様が間違えたのだと思いこんだのです。

そして生まれた後もその体験を引きずり、人生にマイナスな影響を与え続けました。

続いて、バーストラウマを解消するためのセッションに移りました。

胎児の時のネガティブな体験は不必要な記憶であることに自らが気づき、それを手放すためにはどうしたらいいか。美幸さんの心の声に耳を澄ませながら、その具体的な方法を探っていきました。

こうして不必要な情報（バーストラウマ）が解消されると、そこを穴埋めするように新しい情報がインプットされます。

私は再び、受胎から5週目で母胎に降りてきた美幸さんの魂に意識をフォーカスしました。目まぐるしい細胞分裂により胎児の肉体が作られていく状況の中で、彼女の魂は必死で耐えています。

しかし、その時すでに誤った思い込みは修正されていたため、恨みの気持ちはありませんでした。「自分が、もう少し待てばよかった」と自らの判断ミスを認め、今世への希望をもってその状況に耐えたのです。

そしていよいよ出産という時、美幸さんの魂はアマテラスからメッセージを受け取りました。

「あなたはよく耐えましたね。どうぞ、その忍耐でもって地球を平和の星にしてください」

この世に誕生した美幸さんは、アマテラスのエールにより今世を生きるための大きな安心感を得ました。

そして母に抱かれながら、こう誓ったのです。

「私のお母さんになってくれてありがとう。私は、娘としてあなたを助け、そして使命を果たします。どうか見守っていてください」

バーストラウマのセッションでは、緑川さんのケースのように胎児の時のネガティブな思い込みを修正し、本来の状態で産道を通って生まれ変わるというリバースを体験します。それによって、人生の歩みを邪魔していたブロックが解除され、ようやく天命に沿った真実の生き方が叶うのです。

セッションの最後には、クライアントのみなさんに祈りの言葉をお伝えします。緑川さんの祈りの言葉は次の通りです。

【カルマを解消するための祈りの言葉】

私は私の深い愛で　すべての人々の才能を開き　地球を平和の星にします

※これを３回くり返して宣言したあと、Ｏ《オー》－リングテストによってカルマが解消したことを確

認し、バーストラウマのセッションは終了となります。

〈緑川美幸さんの感想〉

武茂さんとは出会った時から不思議な縁を感じていました。悩みや迷いがあるたびに前世療法のセッションを受け、問題解決へのヒントやアドバイスをもらっています。

住まいが遠く離れているので、遠隔でのセッションを受けることも多いのですが、対面セッションとの違いはまったく感じられません。

武茂さんは私の抱えている問題に対して、その状況にリンクした前世の記憶をピンポイントで引き出してくれるのです。潜在意識にある私の心の声を聞き、その内容を的確な言葉で伝えるため、武茂さんのメッセージは「本当にその通りだ」と腑に落ちることばかりで、毎回のように前へ進むための勇気をもらっています。

今回のバーストラウマのセッションでは、胎児だった私の魂が「この人生は30歳まで」と思い込んでいたこともわかりました。すでにその年齢を超えている私ですが、実は「女として美しく生きられるのは30歳まで。それを過ぎたら女は終わりよ」などと漠然と考えていたのです。子どもをほしいと思わなかったのも、「短命な自分は、わが子の成長を見守ることができない」

と無意識に思っていたのかもしれません。

これから先の人生は天命を果たすことを決意して幸せに生きていこうと思いました。子どもの頃から「人を助けたい」という思いがあり、結婚するまではカウンセラーとして活動していました。まずはその仕事を再開し、さらに今後、関心のあることには積極的にチャレンジしていこうと思っています。

「窮屈な子宮から早く出たいと願い帝王切開で誕生した」

〈市原あいさん（仮名）のバーストラウマ〉


10年ほどのお付き合いがある主婦の市原さんは、引っ込み思案な性格で、そんな彼女のことをいつも旦那さんは温かく見守ってくれています。子どもができなかった前世を何度か体験し、今世でもそのことがテーマでした。

今世でのさまざまな問題をクリアしていく中で40歳半ばになって妊娠し、高齢出産を無事に乗り越えて元気なお子さんを授かったというケースです。

市原さんの魂が母の胎内に降りたのは16週の頃でした。その時の母親は45才であり、2年前に妊娠したものの胎児が育たず人工中絶した経験がありました。市原さんの魂は「今度こそお母さんへの愛を全うします」との誓いを立てて胎内へ降りたのです。

胎内は心地良い環境でしたが、市原さんにとっては非常に窮屈な場所に感じられました。「もっと伸び伸びしたいのに……お母さん、こんなところから早く出して！」という思いを抱えながら胎内で過ごしました。

せっかちな性格の市原さんは「一日も早く世に出て、自由に羽ばたきたい」という思いが強かったのでしょう。早産の危険に遭いながらも何とか40週目となり、いよいよ誕生の時を迎えました。母親が子宮筋腫を患っていたことから「自然分娩は無理」との判断により、市原さんは窮屈な産道を通ることなく帝王切開で誕生。いきなり光の世界へ取り出され、「早く出てこられてよかった」と安堵する気持ちになったのです。

続いて、バーストラウマを解消するためのセッションに移りました。

16週目で胎内に降りた市原さんの魂は、両親からの愛を十分に感じながら成長し、40週を迎えて出産準備のために母親の産道へと向かいました。

すると、産道の入口でアマテラスが「こっちへおいで」と手招きします。そして、次のようなメッセージを伝えてきました。

「あなたには大きな役割があります。愛を持って、その天命を生きるのです」

暗くて狭い産道を通ることは、窮屈な場所が苦手な市原さんにとって勇気がいることでしたが、覚悟を決めて進んでいきました。

途中、「このまま産道を抜け出せるのか？」という不安に襲われた時に現れたガネーシャにこう励まされました。

「私があなたをずっと見守っているので大丈夫ですよ。私を信じて、前へ進みましょう！」

市原さんはガネーシャの言葉に勇気をもらい、とうとう産道を通り抜けて誕生したのです。

母の腕に抱かれた市原さんは「お母さん、産んでくれてありがとう。私は生涯ずっとお母さんを愛し続けていきます」という思いを伝えながら、今世での一歩を踏み出したのです。

【カルマを解消するための祈りの言葉】

私は私の真実の愛で　すべての人々を　天命へと導きます

前世療法により出産や子育ての不安を軽減

現在妊娠中の女性には、胎児の性別がわかってから前世療法のセッションを受けることをおすすめしています。

とくにお産への不安がある人、母親になることへの怖れがある人は、その根本原因を突き止めることが必要だからです。不安や怖れを手放せば気持ちのゆとりが生まれ、赤ちゃんも安心感の中でスムーズに誕生してくるでしょう。

また、お腹の赤ちゃんの前世をひも解くことで「どうして私を母親として選んでくれたのか」「お互いの学ぶべき課題は何か」といった気づきがもたらされます。胎児との絆がよりいっそう深まることは言うまでもありません。

そして、わが子の前世での体験を客観的に受け止めることで、母親の内側にあるエネルギーが変わります。結果、お産がラクになるだけでなく、その後の子育てにも余裕が生まれます。わが子の持って生まれた個性を大事にして、楽しみながら互いに成長していくことが可能となるでしょう。

子どもにとっても、前世から持ち越してきたカルマを生まれる前に解消すれば、その後の人生でネガティブなエネルギーに足を引っ張られることもなくなります。当初に計画した通りの人生を、無理なく無駄なく歩むことができるわけです。

妊娠中に受けるわが子の前世療法は、「幸せな人生を歩んでほしい」と願う母親からの最高のギフトとなるでしょう。

魂同士で交わした約束を思い出すことで、その後の子育てでは、わが子の魂の歩みを上手にサポートできるようになります。そのスタンスは親子という主従関係ではなく、今世で互いに協力し合いながら魂の進化成長を目指すという対等な関係が築けるはずです。

また、幼少期に虐待を受けて育った人は、前世療法でカルマやトラウマを解消することにより、意識の深いところにある痛みを癒し、家族間の虐待の連鎖をくい止めることが可能です。前世療法には、このように出産や育児に関してもプラスの影響が多いのです。

わが子を着飾らせて自分の付属品のように扱ったり、自分の楽しみのために夜遅くまで子どもを連れ回すといった親に出会うと、「子どもはあなたの所有物ではないのよ」とおせっかいにも注意したくなる自分がいます。

親は、子どもよりも先に生まれるだけで魂レベルでは対等な関係です。その視点が抜けていると、親は「自分が上」と勘違いしてしまいがちなのです。
親になったからには、わが子に対して無償の愛を表現することがテーマとなります。ところが、前世から引き継いだカルマや胎児期のトラウマにより心が傷ついていると、歪んだ愛情表現により、同じような痛みをわが子に与えてしまう怖れがあるのです。

一人ひとりが人生の課題をもって互いの成長に貢献するため、私たちは親あるいは子どもと強い絆で結ばれています。大いなる存在からの愛の視点に立った時、家族としてともに人生を歩むことがいかに奇跡で、この上なくありがたいことか、理解できるのではないでしょうか。子どもは決して親の所有物ではなく、地球の未来を担う宝物なのです。

第5章

「神の前世」で運命が変わる！人生が変わる！

神として生きていた頃の情報をひも解く

私たちはこの地球で人間として存在していますが、魂の記憶をたどっていけば人間の肉体を持つ以前の前世にも出会います。信じられないかもしれませんが、私たちの魂は人間としての人生を体験しているだけではないのです。

多くの人の前世をリーディングしてわかったことですが、私たちの魂は、地球が生命を育むよりもはるか昔から存在し、何億年、何十億年にわたって火星・木星・金星・土星など銀河の星々を旅してきました。魂の歴史からすると、人間としての経験はごく最近のことなのです。

私たちの魂のすべては、根源の光とも言うべき大いなる存在から生まれました。魂そのものとしての使命、星としての使命、さらに神としての使命を生きていた時代があり、ほかには天使や精霊だったこともありますが、いずれの時代も魂は「使命を果たす」という学びを得てきました。そしてある時期から、私たちは地球人として肉体をもち、人生という経験から学ぶことにチャレンジし始めたのです。

宇宙の法則では、バイブレーションの共鳴する者同士が引き寄せ合いますが、星と魂においても同様で、星のバイブレーションに共鳴しなければその星に棲むことはできません。

ところが地球に限っては、精妙なエネルギーの魂と、粗いエネルギーの魂が混在しています。異なるバイブレーションが共存し合う、宇宙全体から見るとかなり特殊な星なのです。

周りを見わたせば、愛を学んで悟りに近いくらいに意識が高い人がいれば、憎しみや悲しみというネガティブなエネルギーで凝り固まった人もいるでしょう。自然を大切にして生きている人がいれば、人や地球を傷つけて平気な人がいます。

これほどまでに一人ひとりのバイブレーションが違うわけですから、地球が一つに調和することがいかに難しいかわかるでしょう。いまだに戦争や貧困、格差が解消されない背景には、このような事情があるのです。

では、地球を一つの小学校とたとえてみましょう。学習目標は「愛」です。全人類を生徒と仮定して、魂の学びの度合いや愛の深さにより1年生から6年生まで、すべての魂を振り分けるとします。

1年生と6年生では、同じ子どもでも経験や知識に大きな開きがありますが、それと同じように、私たちの魂もそれぞれに進化のペースや愛の深さは異なるのです。

どのような経験を通じて、どのようなカルマを背負った魂であるか。それによって一人ひとりの今世の課題が決まります。また、その課題を今世でクリアにするかどうかは本人の自由意思に委ねられています。熱心に課題へ取り組む人もいれば、意識が低いまま進歩のない人もいるため、それによっても人生の密度に大きな開きが出てしまうのです。

逆にいえば、「この人生で大きく成長しよう！」「絶対幸せになる！」「悟りを開こう！」と決意した人は、その意思通りに人生が回っていくでしょう。つまり、どんな人生を送りたいかは自分次第なのです。

「神の前世」は集合的無意識でつながっている

私たちの魂は、かつて銀河の星々で神として生きていました。今ではそう確信していますが、前世療法を始めた当初は、私自身も「神の前世」があるという事実について深く理解していたわけではありません。

ある人の前世療法のセッションを行っている時、なかなかクリアにならない根深い問題があることに気づきました。

幸せになろうとすると、何かが足を引っ張って邪魔をする。人生の大事な局面で、繰り返し壁が立ちはだかる……。その何かとは、意識の奥底に存在するカルマです。

そういった問題の根本原因（カルマ）を探り、解消するために誕生したのがパラレルライフのハイレベルコースとも言える「神の前世セッション」です。これは前世療法を受けた人たちに導かれ、必要に迫られてできたセッションと言えるでしょう。

前世療法を行った人のすべてに「神の前世」があり、前世のカルマを段階的に解消していく過程で「神の前世」の情報がひも解かれていきます。それが、その人にとってベストなタイミングなのです。

ある時期から、私はセッションを行うたびに「神の前世」を見せられるようになりました。これには集合的無意識が関係していると考えられます。

人間の意識の構造を「手」にたとえてみましょう。片手には5本の指がありますが、すべては手のひらでつながっています。この手のひらの部分が集合的無意識と言えます。

物質的な視点で見れば、私たちは一人ひとり肉体を持ち、自分と他者を分離してとらえていますが、目に見えない心（あるいは魂）の領域では、すべてが深いところで一つにつながっています。

「すべての人の意識は、その奥底で集合的無意識につながっている」ということを発見したのは、カール・グスタフ・ユング（スイスの心理学者、精神科医）です。つまり、集合的無意識の領域では、すべての情報が共有可能となるのです。

このことを前提とすると、だいたい同じ時期に私のセッションを受けた人たちの「神の前世」に共通点が見られることも納得がいくでしょう。

セッションでは一人ひとりの問題にアプローチしますが、それと同時に集合的無意識の領域にある共通の問題、根深いカルマの解放が行われます。

実際にも個々人のカルマが解放されると、それに連動して集合的無意識から負のエネルギーも解放され、周りの人、社会、そして地球自体がクリアになっていくのです。

銀河系の星々で神としての使命を果たした時代

日本の神々、ギリシャの神々、ヒンドゥーの神々、エジプトの神々など、世界中には数多くの神が存在し、その名前やキャラクターは神話やおとぎ話として国や地域に伝承されてきました。

それらは一般的に作り話と思われているようですが、私は決してそうは思いません。神話に登場する神々はかつて実在し、神話のストーリーにあるような出来事は実際に起こっていたものと私は受け止めています。

ここで「神の前世セッション」を通して、私が入手した情報を紹介しましょう。

おもにはギリシャ、エジプト、インド、日本などの神々が前世療法ではよく登場します。セッションを受ける人がその神として存在していた頃の生き様をクリアに見せられるわけですが、驚くべきことに「神の前世」は、神話のストーリーよりも実にリアリティがあります。

当然ながら一人ひとりのリーディング内容は異なりますが、どの人の「神の前世」も、その時に体験したことや感じたことなどが手に取るようにわかるため、自身が神だった時代の記憶をリアルにたどることができるのです。

リーディングで見えてくる「神の前世」は、一人に一つとは限りません。ある人の場合、時にはエジプトの女神イシス、時にはインドの女神サラスヴァティー、時には日本の神アメノウズメノミコトだったりします。

しかも、この宇宙には私たちの知らない神々も多く存在しているはずです。限りない宇宙には、人類に発見されていない星々も無数にあるため、今こうして地球にいる私たちの魂が、どこか名もない星の名もない神として使命を果たしていた時代があったとしても不思議ではありません。

これまでの多くのセッションから推測すると、かつて神だった私たちの魂は、その時代には銀河系の星々を巡っていたようです。一つの星に神として在位する期間は、地球時間に換算すると300~1000年ほどですが、神には生や死がないため、人間のように「誕生してから死ぬまでの一生」という概念ではありません。もちろん生まれ変わることもなく、そこにあるのは「使命を果たす」という目的意識のみです。

そして、すべての神々を統括しているのが大いなる存在です。どの星で、どのくらいの期間にわたり使命を果たすか、すべての神々の総監督という立場にあります。

大いなる存在から指令を受けて、自らの学びと使命を果たすために神々は指定された星へと降り立つのです。

「神の前世」のセッションでは、まれに複数の人に同じ神として生きていた情報が出てくる時があります。

たとえば、アマテラスだった時代の前世がAさんとBさんの2人に見えた場合、どのように解釈したらいいでしょうか。

私のリーディングでは、アマテラスが火星で過ごしていた時代の前世をAさんが体験し、その後にアマテラスが木星で過ごすようになった時代の前世をBさんが体験している、というように見えています。

一つの星で使命を終えると、大いなる存在の取り決めにしたがって、神々は次の星へと向かいます。そこでまた数百年の期間を過ごしながら神としての使命を果たし、再び旅に出るのです。どの星へ行くかは大いなる存在が決めるため、神自身に選択の余地や自由意思はありません。

それに比べると、人間としての肉体を持つ私たちの魂には、自由意思が与えられています。何をどう学びながら人生を過ごすか、自分で決めることができます。つらく苦しい人生を歩むか、幸せな人生を歩むか、すべて自分次第なのは実にありがたいことですね。

自己否定感は神だった時代に生じたカルマ

ここで神と人間の違いについて考えてみましょう。

私たち人間は誰一人として例外なく、父親と母親が出会い、愛し合うことでこの世に誕生しています。片や神々には、夫婦や親子という関係はありません。すべての神々を総括している大いなる存在によって指令が与えられ、一つの星に降り立った瞬間から神としての歩みがスタートします。

神には、与えられた使命を果たそうとしながら、自らの偏った思い込みにより使命をまっとうできないケースは珍しくありません。そのために次の星へカルマが引き継がれるのです。

神といえば、私たちには「間違いなどいっさい犯さない」イメージがありますが、伝承されてきた神話を読み解けば完全完璧な存在ばかりではないことがわかるでしょう。

嫉妬や恨み、憎しみ、怒りなどの感情をぶつけ合い、それだけでは気持ちがおさまらず、相手をおとしめたり傷つけることもいとわない。時には命を奪う行為すら見られます。

真善美という言葉とはほど遠い、感情的な振れ幅が大きく人間以上にドロドロしている部分があるのかもしれません。

私たちのなかにも、恨みつらみ、憎しみ、悲しみ、嫉妬心などのネガティブな感情は少なからず存在します。それらの感情はいくつもの前世で持ち越されてきた観念や思い込みから発せられ、さかのぼれば「神の前世」だった頃の体験が根本原因かもしれないのです。

一般的な前世療法ではどうしてもクリアできない問題がある場合、たいてい自分では超えられないほどの根深いカルマが存在しています。意識の奥底にはコールタールのような粘っこいカルマが付着し、何度生まれ変わっても解消できず今世に至っているのです。

「神の前世」では、リーディングで引き出された過去の記憶や感情を現在の自分に重ね合せることで、持って生まれた性格や気質、思考パターンを浮き彫りにします。

すると、悩みや苦しみの原因は自分の思い込みに過ぎなかったことに気づき、実はそれが「神の前世」でつくり出されたカルマであることも腑に落ちるのです。

この気づきによって滞っていたエネルギーがスムーズに流れ出せば、おのずと現実的な問題は解消されるでしょう。ネガティブな思考の根本原因がクリアになれば、同じような困難が立ちはだかっても思い悩むことはなく、瞬時に気持ちを切り替えることが可能になります。

意識の奥底に存在するコールタールのようなカルマを取り除くと、今よりもはるかに軽やかな人生を歩めるようになるのです。

自己否定とは、人類に共通するネガティブな思いであり、集合的無意識に存在する根深いカルマの一つです。だからこそ、自分で対処しようとしても難しいのです。

前世療法を受けることでいったんは気持ちが晴れても、再び困難に見舞われると、解消したはずの自己否定感がムクムクと湧き起こってネガティブな思いに再びとらわれてしまう……。そんなことのくり返しで、思い通りの人生を歩めないという人は少なくありません。

実はこの自己否定感も、「神の前世」だった頃のことも起因しているのです。

たとえば、自らの思い込みにより使命を果たさず星を飛び出してしまった神が、「自分は、なんてダメな神なんだろう……」という思いを抱え、何百年ものあいだ、その星の周りをグルグル回っていたというケースはたくさんあります。その時の自己否定感は、魂に深く刻み込まれるのです。

一つの星で300～1000年にわたる在位期間が終わった神々は、次の使命をまっとうするために新たな星へと降り立ちます。

その使命をどう果たしたかは神自身の学びですが、使命の完了が、イコール「死」ではありません。なぜなら、神には死という概念がないからです。

時に神自身がエゴで行動し、与えられた使命を間違って解釈していると、「もうこの星にいられない」という思いに駆られて星を飛び出してしまうことがあります。その行為は逃避であり、人間でいえば自殺行為と同じなのです。

星の在位期間とは、天命と同じように大いなる存在とのあいだで交わす契約事です。星の引力により、在位期間が終わるまでは遠くに行くことができず、その星を飛び出したところで、周囲をグルグルと回りながら過ごすことになるのです。

契約した星で使命をまっとうしなかった体験は、神自身の問題だけでなく、その星に対しても強力なネガティブ・カルマとなってマイナスの影響を与え続けてしまいます。このように「神の前世」で生じたカルマの影響力は極めて大きいのです。

「神の前世」のセッションでは、自己否定感の大元である意識の奥底にこびりついたコールタールのようなカルマを一気に解放します。すると、何ごとにもネガティブに偏りがちだった意識が前向きに変容し、からまった糸がスルスルとほどけるように現実のあらゆる問題がよい方向へ進み始めるのです。

カルマの解消によりポジティブの度合いが上がると、再び困難が立ちはだかっても難なく乗り越えられるようになります。心の強さ、タフさが備わるために立ち直りが早く、問題解決能力が格段にアップするのです。

あなたが乗り越えられない課題を神が与えることはありません。パラレルライフのメソッドを通じて、より軽やかな人生を歩んでほしいと思っています。

❖魂に刻まれた「神の前世」のストーリー❖

「神の前世」のセッションを受けると、心のフタが開いてネガティブな感情が表面化してきます。そして、リーディングされた内容を受け止めることで、無意識のうちに封印していた自分の中のカルマに気づき、その現実と向き合うことで自然と解消されていくのです。

セッションを通じて、「神の前世」から生じた強力なカルマの存在に気づくだけで、長年苦しめられてきたネガティブ・エネルギーの影響を受けづらくなります。

今世でのつらく苦しい経験が多い人ほど、意識は大きく変容し、光り輝く魅力的な「本来の自分」をすみやかに取り戻すことができるでしょう。カルマが解消された後には心身ともに軽やかになり、スキップしたくなるような幸福感に満たされるはずです。

これまでに「神の前世」のリーディングをして言えるのは、日本人には魂年齢の高い人が多いということです。前世で神として生きた時代があるからこそ、今世でも多くの叡智《えいち》を備えているのでしょう。

とくに魂年齢が高い人の場合は、「神の前世」が複数あります。地球を含めた幾多の星々でさまざまな経験を積んできた長老とも言うべき魂の持ち主が、日本人にはたくさんいるのです。

私たち一人ひとりがポジティブな意識で愛を表現し、明るく幸せに生きることは、地球に対してポジティブなエネルギーをもたらすことになります。だからこそ、地球の進化にとって日本は重要な国であり、世界からみても私たち日本人の影響力は大きいのです。

なんて自分はちっぽけな人間なんだろう……。そう考える人がいたとしたら、とんでもない思い違いです。日本人である自分がいかに大きな影響を与える存在か、しっかりと自覚してください。なぜなら、日本に生まれ育った人のほとんどが、魂の進化レベルでは地球小学校の6年生に該当するものだからです。

しかも、今世では輪廻転生のサイクルを卒業できるかどうかが試される、魂の学びとしての最終段階を迎えているのです。

どれだけ愛を表現して生きることができただろうか……

世のため人のために、どれだけ役立つことができただろうか……

そう自問自答する瞬間が、人生の最期に訪れるでしょう。

とはいえ、この時に大いなる存在から通知表を渡される（私たちの人生を評価される）わけではありません。充実した人生に満足し、自分が納得して地球を卒業することができるかどうか……その気持ちがもっとも大切です。自分に対して「よくやった！」と評価し、旅立つことができれば言うことはありません。

まずは一度、あなたの人生を見つめ直してみましょう。根深いカルマを解消して軽やかに生きることは、今からでも十分に間に合います。

誤解がないように伝えておきますが、誰でもすぐに「神の前世」のセッションを受けられるわけではありません。魂の成長については人それぞれに効果的な学び方や歩み方があり、クライアントの魂からのメッセージを受け取り、私はそれを大切にしてきました。

多くの場合、前世療法を何度か受けて第7チャクラを開くことにより、「神の前世」の情報を受け取る準備が整います。個人差はありますが、このようにステップを踏んで着実に内側をクリアにしていくことが不可欠なのです。

たった一度のセッションで、進化に足踏みをしてしまう人もいますが、自分の持てる能力を引き出さないまま人生を終えることは、実にもったいないと思います。そのような人が「神の前世」のセッションを受けると、これまでいかに遠回りや無駄の多い人生だったかを思い知り、その気づきによってエネルギーの流れがスムーズになるようです。

続いて、「神の前世」の事例を紹介していきましょう。

「火星の人々を幸せにできなかったデメテルの自己否定」

〈中島瑞穂さん（仮名）の神の前世〉

火星における豊穣の女神「デメテル」は、火星に棲む人々に対し、何を与えれば幸せを感じてもらえるか、それればかりを考えていた。デメテルの火星での使命は、「火星を豊かにし、火星の生命体の心を豊かにする」というもの。だからこそ、たった一人でも幸せでない人を見つけると「欲しいものを与えられない自分」に嫌悪し、ひどく落ち込んでしまう。

こんなことではいけない！　と前向きになろうとしても、悲しそうな人を見かけるたびに落ち込んでしまうことのくり返しで、自己否定感を拭い去ることはできなかった。

あげくの果てには、力のない自分に対して重要な使命を与えすぎた大いなる存在が「誤った判断をしたのだ」と思い込み、責めるような気持ちになった。

とはいえ、与えられた使命は果たさなければならない。「それが間違いであっても、役割だからしかたない……」と自らに言い聞かせ、責任感の強いデメテルは努力を続けた。
その後も幸せでない人を見るたびに、自分ではどうすることもできない無力さを感じる一方で、間違った使命を与えた大いなる存在を心の中で責めた。
デメテルは、このように自らが抱える葛藤に苦しみ続けたのだ。

火星は、少しずつ滅亡へと向かい始めたが、デメテルにはその認識がなかった。思い込みに支配されていたデメテル自身が、火星の再生とは真逆の方向へ拍車をかける原因だったのだが、本人はそのことにもまったく無自覚だった。
デメテルは、ようやく千年という火星での在位期間を終え、次の星である水星へと降り立つ時がきたが、「誤った使命を与えられた」という思い込みにより火星を破滅に向かわせたという事実には、とうとう気づくことがなかった――。

【カルマを解消するための祈りの言葉】

私は私の豊かなる愛で　宇宙に存在するすべての生命を　希望で光り輝かせます

〈武茂千恵子のコメント①〉

数年前まで玄米菜食の店を営んでいた中島さんでしたが、3年ほどで閉店してしまいました。その後はボランティアで、数人のスタッフとともに週1日限定の玄米菜食の店を開きましたが、家主さんの都合によりここも数年で閉店しています。

デメテルだった時代の「神の前世」を知った彼女は、なぜ自分が玄米菜食にこだわるかを納得したそうです。さらには「自分を認めることができない」という根本原因にも気づくことができたと言います。

気づきが起こると自分のやるべきことが明確になり、一歩も二歩も前進できます。未来への展望が開けた中島さんは、「これからも少しずつ玄米菜食を広めていきたい」と目を輝かせ、新たな活動をスタートさせました。

「使命を与えた神を恨んでいた土星の女神ニケ」

〈夏目みどりさん（仮名）の神の前世〉

土星の女神「ニケ」は、土星に棲む神々にそれぞれの役割を果たさせるという使命を担っていた。つまり、忍耐の星である土星で、すべての神々に忍耐の価値を学ばせるのである。

ニケは、自分にとってもっともふさわしい役割を与えてくれた大いなる存在に日々感謝の気持ちをささげた。しかしその一方で、神々が他の星に旅立って再び土星に戻ってくることをくり返している事実に対し、「自分は本当に使命を果たしているのだろうか」と不安になった。なぜなら、忍耐をいくら学んでも神々の意識や行動は〝てんでばらばら〟だったからだ。

ある時、ニケは「チームワークで忍耐を学ぶ」ことの大切さを神々に説き始めた。その時は納得してくれる神々もいたが、しばらくすると再び〝てんでばらばら〟な状態に戻ってしまう。

ニケは、それこそ忍耐強く説き続けたが、思い通りにならない現実に絶望し、しだいに「自分にとって、この役割は荷が重すぎる」と考えるようになる。さらには、使命を与えた大いなる存在に対して、「あなたが、私に間違えた使命を与えたんですね」と責めた。

それと同時にニケは自分をも責め、自己否定感をますます強くしていった。「私にはとてもできない」「私は力不足だ……」とネガティブなエネルギーでいっぱいになり、自分の存在がどんどん小さくなっていく。

そんなニケに対し、友人である女神「アテナ」は傍に寄り添って励ましの言葉をかけたが、ニケは心を閉ざし、その言葉をなかなか受け入れようとしない。それでもアテナは諦めずに叱咤激励を続けた。

責任感の強いニケは、自らの使命が果たせないとはいえ、土星から逃げ出すことはしなかった。ただ何もしないまま土星に居続けたのだ。アテナの言葉に前向きな気持ちを取り戻すこともできないまま、長い時を経て、ニケは次の星である地球へ降りる時が来た。

「大いなる神よ、土星では、できない使命を与えたあなたが悪かったんです。だから今度こそ、私にできる使命を与えてください！」

このように自身の思い込みを手放せないまま、ニケは地球へ降りて行った。

【カルマを解消するための祈りの言葉】

私は私の雄大なる愛で　宇宙に存在するすべての生命に　光ある希望を与えます

〈武茂千恵子のコメント②〉

夏目さんは、「セッションを受ける前までは忍耐だらけの人生だった」と語っています。それでも極度の責任感により、つらく苦しい状況から逃げることなく耐え続け、一方で自分をどんどん追い込み自己否定を強めていったそうです。

しかし、「神の前世」のセッションを受けたことで思考パターンが変わり、「身に起こることのすべては学びなのだ」と気づいたとたん、不安や怖れがあっけなく解消したのでしょう。以前よりもずっと前向きな意識になった彼女は「与えられた使命についてもはっきり見えるようになった」と言います。

また、「神の前世」で登場した女神「アテナ」は、今世での36年来の友人に当たることにも納得しました。

「いつも彼女は私のことを見守り、応援し続けてくれています。その関係が神の前世だった頃からずっと続いていたことがわかり、言葉に尽くせないほどの感謝の気持ちであふれています」

セッションを受けてから1年が経ったころ、彼女の能力は開き始めました。そして、自然な出会いにより持てる能力を発揮できる機会にも恵まれたそうです。

「木星を飛び出し使命を放棄してしまったアルテミス」

〈大戸朱音さん（仮名）の神の前世〉

木星の女神「アルテミス」は、独立心旺盛で純粋・純潔な精神の持ち主であり、双子の兄「アポロン」とも非常に仲がよかった。

アルテミスの木星での使命は、すべての神々、そして木星での学びを体験するために降りてきた生命たちを夢と希望で光り輝かせること。また、広大な宇宙にもその光を届けることだった。誠実でまじめな性格のアルテミスは、「いいかげんなことはできない」と自らに言い聞かせ、神々をどう導けばよいか熟慮を重ね、各々に適したアドバイスを行った。信頼するアルテミスの言葉を真剣に受け止め、アドバイス通りに行動する神々は、みな輝きを増していく。そんな様子をみて、アルテミスはホッと胸をなでおろすのだった。

アルテミスは、いつも神経を削って考え抜いた末にアドバイスをしていたが、周りからはそう見えていなかった。才能あふれるアルテミスが、ひらめきと持ち前の直観力でわけもなく答えを導いている。神々はそう思い込んでいたのだ。そのため、これまで以上に助言を求める神々が殺到。とうとう対応しきれなくなったアルテミスは、パニック状態に陥ってしまった。一方で、思うようなアドバイスを受けられなくなった神々は、アルテミスに対して失望し、「才能を出し惜しみしている」と反発する者まで現れた。

どうしてこんなに非難されなければならないのか……。物事を深刻にとらえすぎてしまう性格のアルテミスは、大きなショックを受け、洞窟へ引きこもってしまった。ところが、そんな場所にも周囲からの非難の声が聞こえてくる。いよいよ耐えられなくなったアルテミスは、木星を飛び出してしまったのだ。

神である自分にとって、その行為が自殺と同じであることはわかっていた。１０００年という木星への在任期間のうち、使命を果たしたのはわずか１００年ほど。アルテミスが不在となった木星は、残りの９００年間、代わりの神が降りることもない。そして、使命を放棄したアルテミス自身も、その後の９００年、木星の周りをただただ回り続けるしかないのだ。

アルテミスの突然の行為に傷ついたのは、双子の兄アポロンも同じだった。妹アルテミスのことはすべて理解しているはずだったのに、何も相談してもらえず、突然自分の前から消えてしまったのだから。アポロンは悲しみに打ちひしがれ、自己否定感に苛まれながら木星に存在し続けるしかなかった。

アルテミスも、意気地なしの自分が取った行動を心から悔やみ、涙を流しながら木星の周りを飛び続け、９００年の歳月を過ごしたのち、次の任期である水星へ降りたのである。

【カルマを解消するための祈りの言葉】
私は私の深い愛で　宇宙に存在するすべての生命に　希望をもたらします

〈武茂千恵子のコメント③〉

アラフォー世代の大戸さんは、これまでにも私の前世療法を何度か受けてこられましたが、「神の前世」をリーディングしたことで改めてわかったことがあります。

幼い頃からずっと「人前に出たくない」「目立ちたくない」という思いを強く抱えながら、いつのまにか目立ってしまうことに悩んでいた大戸さんは、この「神の前世」が大きく影響していたのです。

ちなみに木星とは、第5チャクラの星。大戸さんのように木星に降臨した「神の前世」がある人は、自らがスターのように輝き、その光によって周りを照らしながら希望を与えるという使命を持つケースがあります。彼女も自身の使命に気づいたのですから、今世においても目立つことを怖れず、自信をもって前進するしかありません。

とはいえ、すでにリーディング能力が開いている彼女は、そう時間もかからず本来の自分を取り戻すでしょう。これはすべての人に言えることですが、潜在能力を開くことでいかなる困難も乗り越え、自信を持って明るい未来を切り開くことができるのです。自分が無限の可能性を与えられている存在であると確信をもち、前向きに人生を歩んでいきましょう。

エンジェル（堕天使）だった前世をリーディング

人によっては、エンジェルだった前世も存在します。とはいっても、パラレルライフのメソッドでは前世からのカルマを取り除くことを目的としているため、神の使いとしての愛のエンジェルではなく、ネガティブな記憶を持つ堕天使をイメージしてください。

クライアントには天使の絵（髪や肌、左右の瞳、唇、背中の羽など）に色を塗ってもらいますが、みなさん、ダークで薄気味悪い印象の天使になります。

続いて、クライアントの宮川晶子さんが天使アウエルだった頃の前世を紹介しましょう。

「怠けて役割を果たさなかった天使アウエル」

〈宮川晶子さん（仮名）のエンジェルリーディング〉

火星に棲んでいた天使「アウエル」は、伝令役として女神「アテネ」に仕えていました。アウエルは、有能なアテネの活躍ぶりに対して快く思っていませんでした。なぜなら、火星を守るため精力的に働くことよりも、「ゆっくり過ごしたい」という思いのほうが強かったからです。

伝令役としての職務も熱心ではなく、アテネからの伝言を5回に1回ほどしか神々に伝えていませんでした。そんな事情をまったく知らないアテネは、なぜか物事が思うようにはかどらず、「神々が怠けているのではないか……」と考えるようになり、いつも歯がゆく感じていたのです。

実は、すべての原因は天使アウエルの怠けぐせにあったのですが、そのことに気づかない女神アテネは、神々を叱責するような伝令をアウエルに伝えました。しかし、アウエルはそのことを実行せず「楽しいこと」だけを神々に伝えて喜ばせていました。

何度となく叱責を伝えても変わろうとしない神々に対し、いよいよアテネは怒りをあらわにしました。そして、豊穣の女神「デメテル」を直接呼び出して「これまで何度も言ってきたのに、まだわからないのか！」と激しく叱責しましたが、一方のデメテルは「何をそんなに怒っているのか、まったく理解できない」といった表情。それもそのはず、アウエルはアテネが怒っているという事実は、デメテルをはじめ神々にはいっさい伝えてこなかったのです。

デメテルが「何度も言われた覚えはない」と反論すると、そんなうそをつくデメテルに怒り心頭となったアテネは、その後デメテルと話し合うことをいっさいやめました。突然、無視されるようになったデメテルは、意地悪なアテネのことを嫌うようになり、両者には決定的な亀裂が生じてしまったのです。

アウエルは、「アテネとデメテルの仲が悪くなったのは自分のせいだ」という自覚はあったものの、素知らぬ顔をし続けました。

そして歳月が過ぎ、アウエルはようやく火星を離れる時を迎えました。神々に対して怒り続けるアテネから逃げ出したかったアウエルは、ホッと胸をなでおろし、「今後、アテナの伝令役という重責は絶対に避けたい!」と思いながら次の星である水星へと降りていったのです。

実は、水星でもアテナの伝令役を担うことになるのですが、それは後になってからわかるのでした——。

【カルマを解消するための祈りの言葉】

私は私の誠実な愛で　宇宙に存在するすべての生命に　光の道をつくります

魂を進化成長させるためのチャンス

私の元には、人並み以上の苦労を重ねてきた人たちが多く訪れます。みなさん、真面目で人がよく、自分よりも他人のことを優先する自己犠牲的な性格傾向を持っています。いい人であろうと無理をしたり、周りに合わせて本音を隠したり、自分を大事にしてこなかったという人も目立ちます。それが当たり前だと思い込み、自分を押さえ込んで生きていると、本当の気持ちをあるがままに表現することができなくなってしまうのです。

私たち日本人は、自分を抑えて人と調和することを美徳とする国民性のため、「自分を大切にする」ことには苦手意識があるかもしれません。それでも自分のよさを認め、自分を信じて行動することが結果的には人の役に立ち、社会貢献にもつながっていくのです。

つらく苦しい出来事の数々は、あなたが今世でクリアにすべき課題です。さまざまな壁を乗り越えて魂を一歩一歩成長させるために困難はやってきます。無意識のうちに、あらゆる出来事を引き寄せているのです。

私たちは、何度も生まれ変わるうちに解消できないカルマが積み重なり、ネガティブなエネルギーとなって魂に沈着させています。さらには悪化の一途をたどる地球環境などの影響もあり、人類の生命エネルギーはますます低下する一方です。

肩こりや腰痛、疲労感などの未病症状も含めると、病気がゼロという健康体の現代人はほんのわずかではないでしょうか。これほど病に侵された社会というのは、いまだかつてありませんでした。

言い換えれば、現代とは「自分のやりたいことが思うようにできない」「生きる喜びが実感できない」社会なのです。

そもそも私たちは苦労をするために、あるいは誰かの犠牲になるために生まれてきたわけではないのです。本当の自分は持てる能力を発揮して幸せな人生を送るために、またさまざまな体験を通して成長するために生まれてきましたが、もうそろそろ地球での二元論的な学びを卒業する時が来ています。

つらく苦しかった人生も、「神の前世」のセッションを受けることによってエネルギー的な変容が起き、内面がクリアになれば人生は大きく転換します。たとえば、乾燥してカチカチに固まった土に水を吸わせることで、簡単にポロポロとくだけていく……そんなイメージで凝り固まった観念が消え去るのです。

セッション後には、物事のとらえ方が180度変わるとともに、世の中を俯瞰《ふかん》から眺めるような客観的視点を得ることができるでしょう。

今この瞬間、あなたは「背負った荷物を降ろす」という選択ができます。自らの意思一つで、これから先の人生がガラリと変わるのです。

潜在能力が開けば生き方が変わる

前世については、単に興味本位でひも解いたとしても、内面の変化がともなわなければ意味がありません。自分を変えて、つらく苦しい人生に終止符を打ちたいと願いながらも、不安や怖れがあってその一歩が踏み出せない……そんな人が実に多いのです。

今世で与えられた課題をクリアするには、そのことへの気づきと「変わりたい」という熱い思いが大切です。自分自身の課題ですから、代わりに私が何かできるわけではありません。他者に頼ることは成長につながらないどころか、むしろマイナスなのです。

これまでにも前世療法を通して多くの人と出会ってきましたが、「もうひと踏ん張りでブレイクスルーできるのに……」と残念に思ったことが幾度となくあります。幸せな人生への水先案内人として、そんなもどかしい思いにとらわれた時、自分の力のなさを感じてしまいます。どどうか早く気づいて成長してほしい、独り立ちしてほしいと願いつつ、その思いが強ければ強いほどままならない現実に責任を痛感します。

私たちの内側には、大いなる存在から与えられた能力が備わっています。誰一人として例外はありません。さらには、生まれ持った能力を発揮するための環境、世のため人のために役立てる機会など、必要なものはすべて用意されているのです。

たとえば、自分の思いや行動に無駄がなく、起こることすべてがベストタイミングであれば、「持てる力を100パーセント発揮しながら宇宙の流れに乗っている」状態と言えるでしょう。

セッションを受けて意識が前向きになり、自己肯定感やセルフイメージが高まると、宇宙からのサポートもよりいっそう強まるでしょう。そして、物事を広い視野でとらえられるようになり、悩みや迷いがともなう現実の出来事も「今必要なことが起きている」と理解し、さまざまな気づきが得られます。人生に無駄なことはいっさいなく、自分にとってはすべてが学びだと受け止められるのです。

私の使命は「人々の能力を開き天命へと導くこと」です。パラレルライフのセッションを受けたことでみなさんが自らの能力に気づき、それぞれに持てる力を発揮して幸せな人生を歩んでくれること、それが私にとってこの上ない幸せにつながるのです。

ある時、私ははっきりとしたビジョンを見ました。いえ、見せられたという表現が正しいでしょう。いつものように慌ただしい一日が終わり、横になって、今にも眠りに落ちようかという時に、次のような光景が脳裏に映し出されたのです――。

広い草原に何百頭もの仔牛がいて、のんびりと草をはんだり横たわったりしています。

「ここはどこ？ これにはいったい何の意味があるの……？」

戸惑いながらその様子を眺めていると、次の瞬間、天から次のようなメッセージが届いたのです。

焦らなくていいんだよ、みんな生まれたばかりなのだから

その言葉で、目の前のシーンが意味することを私はすぐに察しました。インド神話における、天地創造の有名な一場面だったのです。

そこに登場する聖なる牝牛神「スラビ」の視点で、私はその光景を見ていました。スラビは、生きとし生けるものすべての養育者として、あふれ出る牛乳のように、望む人に望むものを授けると言われていました。

「そうか、この聖なる牝牛神は自分自身だ。一人でも多くの人を目覚めさせ、それぞれに必要なものを与え、一人前になるのを焦らずに待つことが私の役割なのだ」

目の前に横たわる、生まれたばかりの仔牛たち。それは前世療法を通してご縁があった人たちの象徴でした。

魂の成長には個人差があります。その人の可能性を信じて温かく見守り続けること。必要なサポートをしながら成長を待つことが、私にとっての大きな学びでした。そのことを改めて自覚し、焦らず、決して諦めずにパラレルライフの活動を続けようと心に誓ったのです。

私たちは、変化することに対して、意識の深いところで恐れや抵抗が少なからずあります。このままの状態のほうがラクだという、間違った観念にもとづいているのかもしれません。

しかし何もしなければ、後退していくだけでしょう。進化成長のない人生では、与えられた限りある時間を無駄にしてしまうことにもなりかねません。

成長し続けることは、私たちの生きる目的でもあるのです。

私が能力を開いたのは48歳でした。もし20代で能力を開いていたらどんな人生が待っていただろう……と想像することがありますが、これまで以上にさまざまなことを実行していたに違いありません。実は私自身、後悔する気持ちも少しあるので、みなさんには早いうちに行動してほしいと願うのです。

私たちには大いなる存在と約束した天命があります。それをまっとうするためには、能力を開くことがもっとも有効です。そうすれば、いかなる困難が立ちはだかっても悩み苦しむことはなくなるのです。

能力を開くことで視野が広がれば、身に起こるすべての出来事を学びとして受け止めることができます。宇宙の真理を理解し、どのような困難も乗り越えられるのです。

私自身、能力が開いてから運気が上昇したことを実感します。人生が大きく花開きました。

まずは自分が幸せな人生をまっとうすること。それが、私たち一人ひとりの課題です。進化のチャンスは、すべての人に与えられています。それを活かすのはあなた次第なのです。

自らの天命を知り、持って生まれた能力を活かすことで人生は大きく転換するでしょう。

そして、一人ひとりが幸せな人生を送ることで社会が変わり、日本が変わり、世界が変わるのです。

本書と出会ったあなたも、ぜひ能力を開いて「本気の真の人生」を歩んでください！

第6章 女性が自立した幸せを手に入れる方法

今この瞬間を精一杯生きて輝こう

魂を進化成長させることは、今世を生きる者の最大のテーマです。そのために私たちは生まれる前から人生の計画を立て、この世に誕生してきました。そうした人生の計画は、あらかじめ記憶から消されてこの世に誕生するため、後に自己探究を続けることで大事なテーマに気づくようになっています。

ヨガや瞑想、能力開発のセミナー、癒しのワークショップなど、私は10年以上にわたりスピリチュアルな世界を探求してきました。自分の内側を旅することはワクワクした期待がともないます。瞑想を日課とし、気づきを得るためにインドまで出かけ、サイババのアシュラムに通ったこともありました。

俗世を離れ、ただひたすらに自分の内側へ入っていくプロセスは至福な時間でしたが、それが人生の目的でないことを、本心ではわかっていました。

「山にこもって修行を続けるのは、現実逃避ではないだろうか。自分だけが幸福感を得ることは本当の幸せとは言えない。なぜなら、人と関わることでしか真の喜びは得られないからだ。現代社会の中で世のため人のために生き、その経験から悟ることこそが本当の幸せではないか……」

40歳になってそう気づいた私は、今日まで目の前の問題へ地道に取り組み、人には心を込めて接し、素直に愛を表現することを心がけてきました。

スピリチュアルな世界にどっぷりとはまることは、注意しなければなりません。目に見えない存在とのコミュニケーションは心躍るようなひと時かもしれませんが、天に意識を向けてばかりいると地に足がつかない状態になります。つまり、現実の生活がおろそかになる可能性があるのです。

また、自分を特別視することでエゴにとらわれるという落とし穴もあります。私たちは肉体と精神のバランスがとれてはじめて、魂が進化成長します。スピリチュアルな立場から愛の大切さを説きながら、周囲から浮いてしまっている人も珍しくありません。肉体あっての人間なので、今、身を置いている社会に調和して生きることはスピリチュアルを語るうえでの大前提なのだと思います。

平均寿命が約80年という私たちの一生は、当然ながら期限つきです。今世を生きる私たちには最期の瞬間がいつ訪れるかわかりません。

もしもそれがわかれば、あなたはどんな行動をとりますか？　まだ先は長いから、やりたいことを後回しにしてしまうのではないですか？　あるいは、残された時間が少ないことを知って、やりたいことを諦めてしまわないでしょうか？

見たいものを見て、聞きたいことを聞いて、やりたいことをやって、行きたいところに行って、会いたい人に会って……。人生の瞬間瞬間を本当に充実して生きることで人生の質は向上していきます。私たちの本来は、「今を精一杯生きること」なのです。

過去にも未来にも留まることはできません。今この瞬間を輝かせるためにはどうしたらいいか。どうか自分の心の声に耳を澄ませてみてください。

苦手意識を持っている人こそ人生の協力者

人には相性というものがあります。時にはウマが合わない人と出会って対立することもあるでしょう。相手の言動に対し、「何であんなことを言われなければならないの!?」「私は何も悪くないのに、あの人に責められ傷つけられた」などと被害者意識にとらわれることもよくあると思います。

そんな時には「相手は、自分の写し鏡だ」と考えてみてください。実際のところ、嫌だと思う相手ほど自分の内面をそのまま映し出してくれているものです。人間関係で生じる悩みや苦しみは、「相手のせい」ではなく自分の中にその原因があります。それは過去の体験によって魂に刻まれたカルマやトラウマのせいかもしれません。

仮に「相手から傷つけられた」事実があったとしても、そのような関係性となった背景には、自分の言動が影響していないか振り返ってみてください。自分の中に必ずその原因の一端が見つかるはずです。

あるいは、今世で出会う人の多くは前世でもご縁があったと考えると、自分を傷つけてきた相手は、過去には自分のほうがさんざん傷つけてきた相手なのかもしれません。「今度は立場を逆転させて経験を積もう」と互いに約束を交わして降りてきている場合も多いのです。

肉体レベルではよくわからなくても、魂レベルで物事をとらえれば真実が見えてくるでしょう。

今世での人間関係を通じて、私たちはそれぞれに補い合うことを学んでいきます。そのような関係性を魂レベルで同意して、地上に降りてきました。時には摩擦も生じますが、互いのエネルギーを交換する中で凹凸が取れ、それぞれに丸くなっていく。これが魂の進化成長につながるのです。

パートナーや家族、友人、仕事相手などの人間関係に悩まされている人は多いと思います。そんな不調和が生じている相手こそ、深い縁で結ばれている魂だと考えましょう。あなたの学びを深めるために、その人たちは悪役をかって出ているのです。

たとえば、あなたに対して一方的に責めたり、悪口を言って苦痛を与えたりする人がいたとします（そのような相手は家族である場合が多いのですが）。あなたとその人は、魂レベルでの同意のもと、つらい体験を通して魂を進化成長させるための計画を練り上げてきました。恨むよりもむしろ、感謝すべき相手なのです。


そうは言っても、トラブルの渦中にある時は被害者意識にとらわれて感謝などそうそうできないもの。恨みつらみしか出てこないかもしれません。

それでも宇宙スケールで自分の置かれている状況を見つめてみてください。そこには、あなたが進化するための壮大なストーリーが展開しています。「この苦しみを超えたら、自分はもっと強くなる。もっと輝ける」と勇気が湧いてくるでしょう。

あなたの目の前で起こる現象は、すべて生まれる前に自分自身が「体験しよう」と決めてきたこと。そして、あなたの人生ドラマに登場する（悪役の）相手は、あなたを進化させるための大切な協力者なのです。

これまでの意識を変えて、困難を乗り越えた時には、勇敢なる自分の魂を褒めてあげましょう。

そして、自分に自信と誇りを持ってください。

傷つけられた相手をも許し愛する菩薩の心

家族として関係がある人は、間違いなく前世から何度も人生を共にしている縁の深い魂です。それは義理の家族でも同じこと。離婚して家族という形が終わったとしても、時には先祖からの働きかけがあるなど、見えない世界でのつながりが切れることはありません。

離婚は誰にとっても、心身のエネルギーを消耗させる出来事です。経験した人にしかわからないことですが、私もその心の痛みを味わっています。


秋田での結婚生活については先にも触れましたが、その時の辛かった経験から離婚してしばらくは「元夫の家族とは、二度と会うことはないだろう」と思っていました。

とはいえ、かつては家族だった人たちです。この世の真理を知り、元夫の家族とも縁の深い関係であることを理解した私は、しだいに「当時は大変だったけれど、その経験から多くを学ばせてもらった」と思えるようになりました。時の流れが、私の意識を変えてくれたのかもしれません。

姑のことを、心から許せているだろうか……。

いつしか私の中で、このような思いが湧いてきました。今世での恨みや憎しみの感情がほんのわずかでも残っていた場合、来世に持ち越して学び直さなければなりません。なぜなら、カルマを完全に解消することが、今世で輪廻転生を卒業する条件だからです。

そこで私は、意を決してはるばる秋田まで姑に会いに出かけました。それは自分の本心を確かめる20年ぶりの再会でしたが、思っていた以上になごやかな時間を過ごすことができました。年齢を重ねたぶん、それぞれに成長したからかもしれません。お互いに何のわだかまりもなく、笑顔での再会を果たしたのです。

20年という歳月は過去をも変えてしまうのでしょうか。姑からは思いもよらない温かい言葉をかけてもらいました。

恨みや憎しみは強力なエネルギーです。そういったネガティブな感情を抱えている時、人は苦悩に満ちた表情をします。それは笑顔とは対極にあるもので、本来の輝きが失せ、私の目にはとても不自然な状態に写ります。

愛こそが、私たちの在るべき姿です。愛の対極にある恨みや憎しみの感情は、本質的な生き方を邪魔して魂の進化の歩みを止めてしまいます。

どんな相手であれ、許すことが学びだと気づけばその人は大きな進化を遂げることができるでしょう。ネガティブな感情のサイクルから抜け出たとたん、愛と自由と豊かさを享受できる至福の世界が目の前にパッと開けるのです。

恨みや憎しみを乗り越えて人を許すという行為は、菩薩になることと同じかもしれません。菩薩と聞くと敷居が高いように感じてしまうかもしれませんが、難しいことではないのです。人には良心が備わっているように、魂の本質に立ち返って愛と許しを実践した時、誰もが菩薩になることができると思います。

菩薩の心を持つ人は、居るだけで周りを幸せにします。もちろん、自分自身にも計り知れないほどの喜びと幸せがもたらされるでしょう。

愛とは、それほどまでに影響力が大きいものなのです。

自分から愛を与えることに徹してみよう

この人生を振り返ると、私は決して他力本願ではなく、自分で自分を幸せにするために行動してきました。こうして自己探究を続けた結果、突然のように前世をリーディングする能力が開花したのです。

これまでにも多くのクライアントに「本当の自分」を生きるための前世療法およびボディーワークを実践してきましたが、経験を積めば積むほど私のリーディング精度は上がり、今ではフーチという道具を使わなくても、クライアントを前にしただけで必要な情報を受け取ることができるようになりました。

自分で潜在能力を開いた経験から、私は「幸せな人生を送るためのポイント」を導き出しました。それは、人に愛を与えることです。

私たちは関わる人の数だけ貴重な体験が与えられますが、そこには葛藤や摩擦が生まれることも多く、だからこそ学びが得られるのです。

人間関係のトラブルを避けるために、なるべく人と関わりを持たない生き方を選ぶ人もいるかもしれません。一人という状況はある意味でラクですが、私たちは周りからの支えや応援があるからこそ、人生を一歩一歩進んでいくことができるのです。また、誰かの役に立っているという実感があれば、物事に飽きて途中で投げ出すこともないでしょう。

自分のためなら忍耐にも限界がありますが、人のためなら思った以上に踏んばれるもの。「期待に応えたい」「笑顔になってほしい」という思いが起爆剤となり、行動が促され、結果へとつながります。「人にどれだけの愛を与えることができたか」ということが人生最期の瞬間に問われるのです。

「武茂さんはいつも元気ですね」「そのパワーの源はなんですか？」とよく人に聞かれます。その時に私は、「人のために生きているからです」と答えています。誰かに必要とされることは、自己肯定感を高めるための大事な要素なのです。

私たちは、人を愛するためにこの世に生まれてきました。愛を与えることはすべての人の使命だと私は考えます。

世のため人のために自分の命を使う。その思いで日々を過ごしていると、愛があふれてくる実感が得られます。こうして素直に愛を表現すれば、光り輝く本当の自分を取り戻すことができるでしょう。

「ギブ・ミー・ラブ」（愛をください）ではなく、「アイ・ラブ・ユー」（愛を与えます）の精神で人生を歩んでいきましょう。あなたが愛を表現するほどに、実は多くのギフトを受け取っていることになります。見返りを期待せず人に与え続けていると、いつの間にか抱えきれないほどの宝物を持っている自分に気づくはずです。

愛を与えた瞬間に、その愛はあなたの喜びに変わっているのですから。

女性が自立するためのカギも前世療法にある

今の日本で離婚へのハードルが低くなった背景には、生き方や価値観の多様化があります。パートナーとの気持ちが離れた場合、無理して婚姻関係を続けるよりも自分らしく生きるために別れを選択する人が増えているのでしょう。

ただし、子どもがいる場合はそう簡単に決心できる問題ではなくなります。夫婦は他人であっても、子どもにとっては血のつながった父親と母親です。年齢にもよりますが、子どもにとって家族が別々になるという現実はつらい体験となるでしょう。それでも魂レベルの見方をすれば、家族となった者同士、生まれる前から人生の計画として身に起こるすべての出来事に同意し、地上に降りているのです。

都道府県別に見ると、沖縄県は離婚率が全国でトップ……。あまり誇れたことではありませんね。その理由としては、県民所得が低いことに加え、若い人のできちゃった婚が多い事情なども挙げられます。

結婚生活には、パートナーの気質や性質をよく理解し、互いに思いやりをもって協調することが必要です。10代から20代前半の社会経験が少ない若者にとって、快適な結婚生活を実現することは容易ではないかもしれません。

結果として離婚率は上昇し続け、それに比例してひとり親家庭もどんどん増えています。仕事と育児をどうにか両立させながら、わが子と一緒に必死で生きているシングルマザーを、私もたくさん知っています。そんな彼女たちの精一杯生きている姿を目の当たりにすると、シングルマザーの先輩として「頑張れ！自分の足で立ち上がれ！」と愛のエールを送らずにはいられません。母親の経済的自立は、家族の幸せと直結するからです。

私自身、秋田へ行ってからは専業主婦でしたが、離婚後はシングルマザーとして2人の子どもを養育してきました。離婚という難題は、「精神的にも経済的にも自立して生きる」ことのきっかけを与えてくれたのです。

その時の私には、「女性だから」という甘えはいっさいありませんでした。沖縄の女性には、このような逞しさがあるのです。

地元で伝承されてきた格言があります。

「イキガチュイ、チカナユーサンティカラ、イナグヤミ」

直訳すると「男の一人ぐらい養えなくて、何が女か」という意味になります。

これぞまさに沖縄女性の逞しさを表現している言葉ではないでしょうか。

かつて琉球をつくった神はアマミキヨという女性の神様であり、日本の他のエリアと比べても沖縄はとくに女性性を大事にしてきた土地柄です。表向きは男性を立てながらも、いざという時には女性が芯の強さを発揮して問題を解決してきました。

平均寿命を見れば、男性よりも女性のほうが6年以上も長いとのデータがあります。女性が精神的にも経済的にも自立することは、夫や子どもに頼ることなく生涯を通して豊かでいるための必須事項なのです。

女性が自立するかどうかのカギも、実は前世にあります。セッションによって深層意識にアプローチすることで、自立に向けた自己変革をうながすことができるのです。

女性性を軸とする調和した社会の到来

超高齢社会に入った日本では、今後ますます介護福祉に関するサービスや人材が必要とされるでしょう。しかし、私は「需要がある」という側面だけでこの事業を始めたわけではありません。実のところ、「前世でやり残したことだから」という理由が、起業のいちばんのきっかけでした。

前世での私は、病気や貧困に苦しむ人々を助けるという役割を担いながら、苦しさのあまり途中で投げ出してしまいました。志半ばで果たせなかった使命を、今世でやり遂げたいという思いが強く、そうでなければカルマを解消できないこともわかっています。

前世から持ち越した課題や約束事は、私だけでなく誰もが必ず抱えています。仕事、人間関係、お金の問題など、今あなたの目の前に立ちはだかるその壁が、今世でクリアすべきテーマだったりするのです。なかなか解決しない問題だからこそ、真剣に向き合う必要があると考えましょう。

人を相手にする介護福祉の仕事は、とてもやりがいがあります。向き合う相手は人生の先輩たちばかり。なかには頑固で怒りっぽい人、認知症のために会話が成り立たない人、体が不自由で生活に支障がある人などもいますが、どのような人に対しても愛と思いやりをもって謙虚に接することが大切です。

介護は、人間性が問われる仕事です。愛情を込めて高齢者に関われば、その分、心の豊かさが得られることを私は常々スタッフに伝えてきました。

こうして多くの人とのご縁があり、今日まで事業を続けてきたのです。そして今、まだまだではありますが、地域に貢献するという課題を達成できたと思っています。

また現在、保護観察中の少年たちを預かり、仕事の機会を与えるという活動にも取り組んでいます。

そのような少年に対し、過去の行いを悔い改め、人生を再スタートさせるためのサポートをしているのです。彼らのほとんどは純粋な心の持ち主ですが、育ってきた環境で十分な愛情をもらえなかったため、心の不調和を招いてしまっています。自己表現が不得手で、人とのコミュニケーションに問題があるのです。

私はありのままの彼らを受け入れ、愛を持って接するように心がけています。学校に行かず学力が身についていない少年少女には、学習面でもサポートをしています。こうして仕事とは別の関わる時間を持ち、現状を少しずつでも改善していくことで彼らは自信を取り戻していくのです。

保護観察期間を終えたのち、そのまま施設に残って仕事を続けることを選んだ子もいます。彼らの人生が変わるきっかけを与えられたのなら、これ以上の喜びはありません。

今も多くの女性が当施設の介護士として勤めていますが、私自身、女性の自立に少しでも貢献できているという気持ちに後押しされながら、日々をがんばっています。

誰かを支えているという自覚は、その人に誇りと生きがいをもたらします。介護の現場でも、自らの仕事に誇りをもって日々のルーティーンワークをこなすスタッフは、実に清々しい印象です。そして、彼女たちの前向きな仕事への姿勢は、周りにもよい影響を与えています。

私はだいぶ前から、「イキガチュイ、チカナユーサンティカラ、イナグヤミ」（男の一人ぐらい養えなくて、何が女か）という心意気のある女性が社会を支える時代になると思ってきました。それは、従来の男性社会にありがちな競争意識が優先される価値観ではなく、一人ひとりの魅力や才能を認め合う「調和した新たな社会」です。

まさにそんな時代を私たちは迎えつつあります。「水瓶座（アクエリアス）の時代」「女性性が開花する時代」とも表現されます。しなやかで軽やかにすべてを包み込む……そんな女性の優しさが本領発揮される時代です。世の女性たちが自分で自分の人生をしっかりと歩むことが、新しい社会への架け橋になるはずです。

女性のみなさん、これまで以上に輝く時を迎えました。準備はできていますか？

人生がどんどん好転していくしくみ

くり返しますが、私たちの内側には大いなる存在から与えられた能力が備わっています。その事実に気づくことができれば、潜在能力をパッと開花させて人生を転換することが可能です。そうして初めて魂は進化成長を果たし、最高の自分を生きることになるのです。

あなたが「天命を生きる」と心に決めれば、運気は間違いなく向上するでしょう。漠然とした日々を過ごしている人に比べ、人生の明確な目標を与えられたあなたは、時間を有効に使って確実に前進していくからです。

あなたの才能は、大いなる存在から与えられたギフトです。その包みをほどき、与えられた才能を取り出してどんどん発揮してください。そう決意するだけで、潜在意識を目覚めさせるスイッチがオンになります。そして、能力を使えば使うほど豊かさが増すという好循環が生まれるのです。

本来ならば、あなたがもっとも得意とする事柄で収入を得ることが理想でしょう。「本当の自分」を表現することにつながるだけでなく、その能力を人に提供して喜ばれることで、社会との自然な調和が生まれます。

自分のための行動では、大した喜びを得ることはできません。誰かに愛を与えて初めて心が満たされるのです。人に愛と喜びを与えようとする気持ちがあれば、自然な形でそのような機会に恵まれるでしょう。そして、利他の心を実践し続けることで徳を積み、魂の進化成長が成し遂げられるのです。

誰かが喜んでくれる時、私たちは「生きていてよかった」と思えるもの。自分への誇りを確認し、生きる価値を自覚した時に「本当の幸せ」を味わえるのです。

世のため人のために生きると決心した瞬間から、徳を積むチャンスに恵まれ、人生がどんどん好転していきます。

愛を与える人になりましょう。いつも笑顔で人に接すること。爽やかな笑顔を向けること。優しい言葉をかけること。寂しい人がいれば寄り添うこと。悩んでいる人がいれば話に耳を傾けること……などなど、あなたのその言葉や行為によって周囲に与えるプラスの影響は計り知れません。

まずはあなたが「幸せだ」と自覚すること。そして、あなたの大いなる愛の輝きで周囲を明るく照らしてください。

読者のみなさんへの祈りの言葉

祈りの言葉

私は私の純なる愛で
全ての人々に
真の幸せをもたらします

祈りの言葉

私は
私の深い叡知によって
全ての人々を
天命へと導きます

祈りの言葉は必ず、私が心をこめて筆で書いたものをお渡ししています。
その言葉を繰り返し口にしていただくと、カルマが解けていきます。

あとがき

潜在能力を目覚めさせて魂が喜ぶ生き方を

あなたの中に、いまだ「人生の目的がはっきりしない」という思いがくすぶっていますか？

それとも、本書をお読みいただいて、「自分の進むべき道、天命を知りたい」という気持ちが湧き上がってきたでしょうか。

この世で何を為《な》してどう生きるか、人生の目的はあなた自身が知っています。誰もが生まれる前に自分で決めてきた「天命」が必ずあるからです。それを思い出し、魂の進化成長を成し遂げてほしいからこそ、私は前世療法を行っているのです。

天命を知らない人生とは「怠けもの」のようなもの。知ると知らないのとでは、人生の深みが天と地ほども違ってきます。

第2章でもお伝えした通り、私の天命は「人々の能力を開くこと」

です。それを知ることができたのは、まさに自分の力が開いたからでした。心から望んだ展開でしたが、天命を告げられた当初は、戸惑いを感じずにはいられませんでした。

「なぜ天は、これほど重要な役割を私に与えたのだろう……」と思いながらも、私には最初から揺るぎない自信がありました。

これで人々を天命へと向かわせることができる。人々を救い、日本を救い、地球を救うという確信をもって突き進んできたのです。

頑固な性格の私は、いったん始めたら投げ出さずに何ごともやり通すという一面があります。くじけそうになると「負けるものか！」とかえって心が燃えるのです。打たれ強さには誰にも負けない自信があります。石にかじりついてでもやる、といった意思の強さを天は見込んだのかもしれませんね。

それでは、この場を借りて宣言したいと思います。

何ごとも諦めない頑固さと粘り強さで、私はこれからも、人々の能力を開いて天命を知らせるという役割を果たします。

前世療法によりカルマやトラウマといった心のブロックを取り除くと、あなたがこの世に生まれてきた意味、すなわち天命を知ることができます。

パラレルライフのメソッドは、夢を実現する最短・最速の道なのです。「本当の自分」を取り戻すことで、あなたはより豊かで幸せな人生を実現させるでしょう。

ぜひ本書で、そして前世療法で、あなたの眠れる能力を開花させ、一日でも早く天命を生きてください。

あなたの幸せを、心よりお祈りしています。

二〇一六年五月

パラレルライフ
http://www.zense-tenmei.com/

佐敷サロン
沖縄県南城市佐敷字仲伊保12番地

泡瀬ギャラリー
沖縄県沖縄市海邦2−14−2

携帯電話　090-8763-3777
E-mail　zensemumo@gmail.com

武茂 千恵子（むもちえこ）
1950年1月7日生まれ。沖縄県那覇市首里出身。琉球大学教育学部卒業後、中学校教員、塾経営、書店店長、小学校教員を経て、平成10年にパラレルライフを設立。平成15年より介護ビジネスを立ち上げ、現在老人介護施設を経営。

夢を叶えて幸せになる
天命を知る前世療法

2016年5月31日　初版発行

著　者／武茂 千恵子
発行人／西 宏祐
発行所／株式会社 ビオ・マガジン
〒141-0031 東京都品川区西五反田8-11-21 五反田TRビル1F
Tel : 03-5436-9204 Fax : 03-5436-9209
http://biomagazine.co.jp/

編　集／中野 洋子　野崎 陽子
装　丁／河村 貴志（andbook）

印刷所・製本所／シナノ印刷株式会社

ISBN978-4-86588-007-6 C0011